U0511671

用思维导图学修车系列丛书

汽车OBD
与排放故障
实战精解

杨增雨　张　艳　主编

北方联合出版传媒（集团）股份有限公司

辽宁科学技术出版社

图书在版编目（CIP）数据

汽车OBD与排放故障实战精解 / 杨增雨, 张艳主编. -- 沈阳：辽宁科学技术出版社, 2025. 3. --（用思维导图学修车系列丛书）. -- ISBN 978-7-5591-4157-6

Ⅰ. U472.9

中国国家版本馆CIP数据核字第2025CN7955号

出版发行：辽宁科学技术出版社
　　　　　（地址：沈阳市和平区十一纬路25号　邮编：110003）
印 刷 者：辽宁新华印务有限公司
经 销 者：各地新华书店
幅面尺寸：165mm×235mm
印　　张：12.5
字　　数：200千字
出版时间：2025年3月第1版
印刷时间：2025年3月第1次印刷
责任编辑：吕焕亮　张　永
封面设计：郭芷夷
版式设计：颖　溢
责任校对：康　倩

书　　号：ISBN 978-7-5591-4157-6
定　　价：128.00元

投稿热线：024-23284373
邮购热线：024-23284626
E-mail：99798397@qq.com
http://www.lnkj.com.cn

前　言

我猜你看到本书后，可能首先会翻到案例篇，你或许迫切地想要了解如何迅速定位并解决车辆上的故障点。请放心，本书所收录的案例均是我亲自参与并成功排除的，希望能为你提供有价值的参考与帮助。然而，你所遇到的故障可能与我所列举的案例在车辆数据上存在差异，甚至截然不同，由于受限于篇幅，我只能精选有限的几个案例进行分享。如果本书在市场上反响热烈，我将推出更多以案例为主的第二辑。本书的核心在于深入讲解原理，旨在帮助你构建扎实的知识结构。

自从电控燃油喷射系统应用以来，发动机电控方面的故障诊断便成了一项需要专门学习与实践的技术。在此之前，汽车维修人员主要依赖尾气分析仪来调整化油器，实现混合气的精确调节。然而，随着电控发动机和混合气闭环调节技术的普及，尾气分析仪的应用场景似乎变得有限，取而代之的是万用表、诊断仪和示波器等新型诊断设备。

值得庆幸的是，在环境保护的要求日益严格、国家政策不断落实的背景下，尾气分析仪再次焕发了新的生机。在北京安莱技术研究院阚有波老师的不懈推广与外部环境的共同作用下，全社会开始更加重视汽车尾气对环境的影响。

我从学员们的提问中深刻感受到了大家对于解决排放问题的渴望。你或许想知道，面对排放超标，应该选择哪个品牌的清洗剂，或者添加何种添加剂来解决问题。但很抱歉，这类问题往往不能一概而论。

以碳氢化合物排放超标为例，这通常意味着有未燃烧的燃油蒸气被排出。

其具体原因可能涉及混合气过浓、点火系统故障等多个方面。要准确找到并解决故障，我们需要综合考虑碳氢化合物的具体含量、故障码、数据流以及其他尾气成分的含量等因素。有时，甚至需要使用烟雾检漏仪查找真空漏气等潜在问题。

如果你觉得这一过程过于烦琐，可以先参考本书中的案例。请记住，每个案例都有其特定的背景和条件，我们不能简单地照搬经验。因为不同车型和不同结构可能导致故障原因存在差异。

因此，我建议你耐心地阅读本书，尝试结合原理分析和案例学习，找到解决问题的科学方法。同时，请你静下心来，理性看待尾气超标或OBD审车不通过等问题。

作为一名拥有超过27年电控发动机维修经验的技师，我深知汽车维修的复杂性与挑战性。从1998年正式踏入这一领域至今，我几乎每天都在学习和实践。这些经历不仅为我积累了大量的知识和经验，也让我更加明白自己的不足和学习的方向。

我希望我的思路和方法能为你在解决汽车OBD相关故障时提供启示与帮助。如果你在学习或实践中遇到任何问题或困惑，我非常愿意与你交流。尽管我可能因忙于工作而无法及时回复，但我会尽力在闲暇时间为你解答。让我们一起努力，共同为保护环境和提升汽车维修技术贡献自己的一份力量！

杨增雨

2025年1月

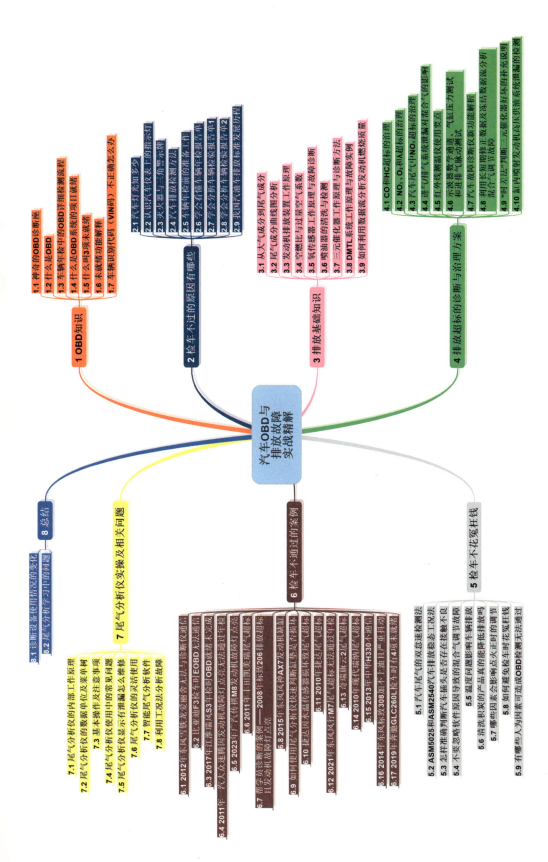

汽车OBD与排放故障实战精解

1 OBD知识
- 1.1 神奇的OBD诊断座
- 1.2 什么是OBD
- 1.3 车辆年检中的OBD详细检测流程
- 1.4 什么是OBD系统的项目就绪
- 1.5 什么叫3项未就绪
- 1.6 未就绪功能解释
- 1.7 车辆识别代码（VIN码）不正确怎么办

2 检车不过的原因有哪些
- 2.1 汽车灯光多少
- 2.2 认识汽车仪表上的指示灯
- 2.3 火花器与三管示灯
- 2.4 汽车排放检测方法
- 2.5 车辆年检前的准备工作
- 2.6 怎么看懂车辆检验合单1
- 2.7 怎么分析车辆检验查年1
- 2.8 怎么分析汽油车排放标准数据1
- 2.9 我国汽车排放标准发展历程

3 排放基础知识
- 3.1 从人气成分到尾气成分分析
- 3.2 尾气成分曲线图分析
- 3.3 发动机排放装置工作原理
- 3.4 空燃比与过量空气系数
- 3.5 氧传感器工作原理与故障检测
- 3.6 喷油器的清洗与检测
- 3.7 三元催化器工作原理与清洗方法
- 3.8 DMTL系统工作原理分析与故障实例
- 3.9 如何利用数据流分析发动机燃烧质量

4 排放超标的诊断与治理方案
- 4.1 CO和HC超标的治理
- 4.2 NO_x、O_2和NO超标的治理
- 4.3 汽车尾气中NO_x超标的影响
- 4.4 进气阀门气测量混对混合气的使用要点
- 4.5 红外线测温仪使用要点
- 4.6 示波器数学通道，气缸压力测试，和进排气振动测试
- 4.7 汽车故障诊断仪新功能解析
- 4.8 利用长短期修正数据及冻结数据流分析
- 4.9 "四无法"判断三元催化器好坏的补充说明
- 4.10 缸内吸嗝对发动机高压供油系统泄漏的检测

5 检车不花钱杠杠
- 5.1 汽车尾气的双怠速检测法
- 5.2 ASM5025和ASM2540汽车排放稳态工况差
- 5.3 怎样准确判断汽车排气头是否存在堵塞不良
- 5.4 不要忽略软件原因导致的混合气调节故障
- 5.5 温度问题影响汽车辆能移排放吗
- 5.6 清洗积碳的产品真的影响点火排放吗
- 5.7 哪些因素会影响点火正时的调节
- 5.8 如何避免检车时未花杠杠
- 5.9 有哪些人为因素可造成尾气检测无法通过

6 检车不通过的案例
- 6.1 2012年东风本田思域EOBD无法通信
- 6.2 比亚迪F3检车时EOBD无法通信
- 6.3 2017年江淮瑞风S3车检时OBD强制未完成
- 6.4 2011年一汽大众速腾发动机故障灯点亮
- 6.5 2023年广汽传祺M8发动机故障灯点亮
- 6.6 2011年丰田凯美瑞尾气超标
- 6.7 踏雪寻梅诊断的案例——2008年东风标致206尾气超标
- 6.8 2015年东风风神AX7发动机咳嗽
- 6.9 如何使用尾气分析仪快速判别缸套是否合环
- 6.10 建达尼达温度传感器故障环气尾气超标
- 6.11 2010年北达长城尾气达标，某项检查未超标
- 6.12 2021年东风风神M7尾气超标
- 6.13 东风旗云2尾气超标
- 6.14 2010年现代ix35尾气超标
- 6.15 2013年中华H330上油日严重抖动
- 6.16 2014年东风风行308加不上油日抖动
- 6.17 2019年奔驰GLC260L检车时有4项未就绪

7 尾气分析仪操及相关问题
- 7.1 尾气分析仪的内部工作原理
- 7.2 尾气分析仪的数据单位及菜单树
- 7.3 基本操作及注意事项
- 7.4 尾气分析仪使用中的常见问题
- 7.5 尾气分析仪显示有泄漏怎么维修
- 7.6 尾气分析仪的灵活使用
- 7.7 智能尾气分析软件
- 7.8 利用工况法分析尾气故障

8 总结
- 8.1 诊断设备使用情况的变化
- 8.2 尾气分析在学习中的问题

目 录

1 OBD知识

■ 1.1 神奇的OBD诊断座

OBD（On-Board Diagnostics，车载诊断系统）诊断座在汽车维修领域确实是一个神奇且至关重要的部件。它作为车辆与诊断设备之间的桥梁，使得汽车维修人员能够高效、准确地诊断车辆的各种问题。

OBD诊断座的设计标准化意味着使用专用（综合型）诊断仪和适配的插座（头），汽车维修人员可以与全球范围内各大汽车生产厂家生产的车辆进行通信，完成读取故障码、监测实时数据、执行功能测试等操作。这不仅极大地提高了维修效率，还使得故障诊断更加精准和可靠。

此外，随着汽车技术的不断发展，OBD系统也在不断完善和升级。例如，从早期的OBD-Ⅰ到后来的OBD-Ⅱ，再到现在的EOBD（European On-Board Diagnostics，欧洲车载诊断系统），其反映了汽车行业对于车辆排放控制、安全性和可靠性监测的更高要求。

对于汽车维修人员来说，熟悉并掌握OBD系统及其相关诊断技术，是提升维修技能和提高工作效率的关键。同时，随着新能源汽车的普及，OBD系统在新能源汽车中的应用也日益广泛，这对汽车维修人员来说既是机遇也是挑战。因此，我们应该不断学习和探索新的诊断技术，为客户提供更加优质和高效的维修服务。

安装在车辆上的OBD诊断座外观见图1-1。

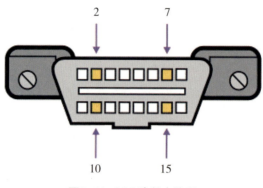

图1-1　OBD诊断座外观

　　对于身处维修一线、频繁遇到EOBD通信故障的技术人员来说，记住插座引脚端子的功能和排列规律是至关重要的。

　　为快速排除EOBD系统无法通信故障，我发现了一个有效的方法。它能帮助技术人员记忆EOBD诊断座引脚的功能。

　　（1）OBD诊断座的形状为梯形，在脑海中将其按宽边朝上、窄边朝下的方向放置。

　　（2）OBD诊断座的两端分为车辆端（母端子）和诊断仪端（公端子）。以车辆端为例进行说明，面对OBD诊断座时，诊断仪端的引脚排列将与之形成镜像关系。

　　（3）OBD诊断座共有两行引脚，每行8个，共计16个引脚。上行引脚从左至右依次为1~8号，下行引脚则为9~16号。这种排列方式与我们平时书写文字的习惯相同，即从左至右书写，从上至下换行。

　　（4）在16个引脚中，4号和5号引脚为负极；16号引脚为正极，且为不受点火开关控制的常电。这几个引脚的功能在各种车辆上都是一致的，而其他引脚则负责通信数据的传输，各大汽车生产公司的设计略有不同。

　　通过上述方法，技术人员可以轻松记住OBD诊断座的引脚功能排列。对于一些简单问题，可以不用查手册，使用万用表或示波器就能进行不通信故障的检测。我们把这个方法用思维导图整理出来，具体内容见图1-2。

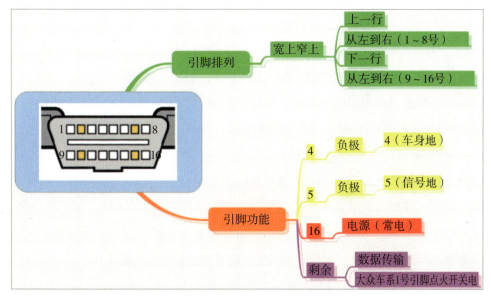

图1-2 OBD诊断座引脚功能思维导图

这是绝大多数车辆都遵循的一个规律，除此之外，市面上行驶的车辆中，目前还是以大众车型居多，大众车的OBD诊断座除了遵循以上规律外，还有其特有的规律。

大众车系OBD诊断座的引脚功能见图1-3。目前市场上的大多数车辆都配备了该诊断座以连接诊断仪，诊断仪通过此插座完成与车辆的数据交换，然后把信息显示在显示屏上，完成人机交互。

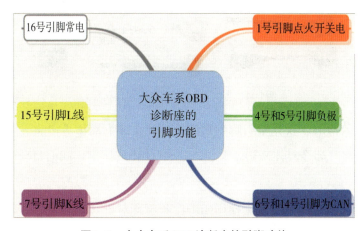

图1-3 大众车系OBD诊断座的引脚功能

想要了解OBD诊断座的改进历程，就不得不追溯电控燃油喷射系统的发展历程。自电控燃油喷射系统诞生以来，汽车故障诊断的复杂性就显著提升。以往，发动机以分电器和化油器为核心控制元件，但电控燃油喷射系统的出现，将发动机转变为一个由电子控制系统全面操控的机器。这一转变意味着要进行故障诊断，汽车维修人员必须具备专业的电子控制系统维修知识。

电控发动机的兴起无疑增加了诊断的难度。因此，在研发电控技术时，各大汽车公司就已预见到了未来故障诊断的新趋势，并纷纷推出了各自的诊断系统。然而，这些系统缺乏统一性，导致最初的诊断座标准各异。一些汽车生产厂家甚至采用了极为简单的诊断座（如短接插头），其样式也千差万别，给汽车维修人员带来了极大的困扰。各汽车公司早期的诊断插头见图1-4。

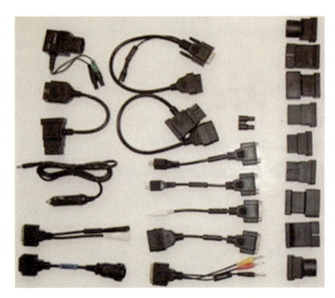

图1-4　各汽车公司早期的诊断插头

各汽车公司后来将其统一成梯形的诊断座，这也经历了第Ⅰ、第Ⅱ和第Ⅲ代OBD的变化。那么具体来讲，关于上述3代OBD的区别，我们将在下一小节进行详细讲解。

总结：日常诊断中会频繁使用OBD诊断座，对于其引脚功能的排列，你是否已经熟记于心？

本小节为你提供了以下便于记忆的小诀窍：

- 上宽下窄水平放，上下左右依次数。
- 大众7号引脚是K线，CAN线6号引脚高、14号引脚低。
- 正极常电是16号引脚，负极是4号引脚和5号引脚。

这段口诀将帮助我们在维修时快速测量并诊断通信故障。因此，花些时间认真背诵这些内容是非常值得的。这样在未来遇到通信故障时，你将能迅速使用万用表或示波器进行诊断，从而显著提升工作效率。

1.2 什么是OBD

每位汽车维修人员或许都熟知OBD诊断座，但谈及OBD的具体定义，却未必能信手拈来。OBD这个看似熟悉的概念，若要我们脱口而出其完整含义，或许还真有些难度。不过别急，下面我们将继续深入探讨这一问题。

不知各位汽车维修人员是否曾思考过，为何传统的化油器车会被拥有电控燃油喷射系统的车所取代？这主要是因为化油器车难以长时间精准控制空燃比，从而难以确保长时间的清洁排放。而拥有电控燃油喷射系统的车则可利用计算机来精确调控发动机的燃烧过程，其带来的三大益处尤为显著：一是能够实时监控混合气状态；二是能精确把握点火时机，这两点共同确保了发动机在长时间运行中的最低排放；三是具备自诊断功能，一旦出现故障，便能通过仪表向驾驶员发出警告。

当混合气调节或点火时间出现失控时，电控燃油喷射系统会点亮发动机故障灯并报警，提示驾驶员及时进行维修。这在化油器发动机中是无法实现的。简而言之，由于化油器技术难以全面控制汽车排放造成的污染，我们需要采用电控燃油喷射技术。

电控燃油喷射技术虽然先进，但也带来了新的挑战。原本简单的汽车机械系统在转变为计算机控制后，故障诊断变得尤为复杂。因为计算机系统由多个传感器和执行器构成，当其中某个或多个传感器和执行器出现故障时，如何准确找到问题所在就成了一个难题。为了解决这一难题，工程师开发了一套"自诊断"系统。但不同汽车公司生产的汽车诊断系统各不相同，且互不兼容，这给故障诊断带来了极大的困难。

OBD系统是一套广泛适用于各类车型的发动机排放监控标准程序，见图1-5。它不仅规定了车载通信的规范，还制定了故障码的编制原则，为全球汽车维修人员提供了统一的故障诊断依据。起初，这套规则由美国制定，随后欧洲也采纳了类似的标准，并发展为EOBD（European On-Board Diagnostics，欧洲车载诊断系统）。中国则参照欧洲标准采用了EOBD体系。

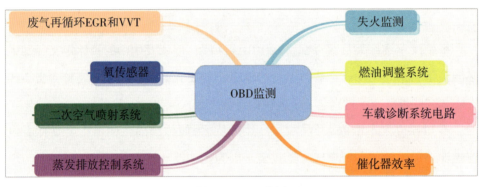

图1-5　OBD监测

OBD系统的背后有一套完善的运行机制——I/M制度。在美国，检测站（I站）负责车辆检测，并将数据上传至环保部门。未能通过排放监测的车辆，需送往具备维修资质的修理厂（M站）进行维修。整个检测与维修流程的数据均会上报给环保部门，以便对其进行全程监控。

自2019年11月1日起，河北地区开始执行EOBD检测方法。在车辆排放检测的同时，发动机运行的数据流会通过专用设备上传至国家环保部门，此举旨在加强排放监管，有效遏制检测过程中的造假行为。

根据国家标准GB 18285的规定，2007年7月1日以后生产的车辆必须符合EOBD检测标准。具体检测步骤如下：

（1）检查仪表上的发动机故障灯。在打开点火开关但不着车的状态下，故障灯应点亮；着车后，故障灯应熄灭。若符合此标准，方可进行下一步检测。

（2）使用诊断仪进行EOBD检测，确保无排放相关故障码。

（3）读取诊断仪中EOBD的就绪项目数据。各项排放相关数据就绪完成后，方可进入下一步排放检测。

（4）就绪数据通过后，进入排放检测阶段。在检测尾气排放成分的同时，通过诊断仪读取发动机运行中与排放相关的数据流，并将此数据流连同排放数据一并上传至环保部门。以上步骤全部通过后，方可判定为排放合格。只有检测合格的车辆才可上路行驶。对于检验不合格的车辆，需前往指定的修理厂（M站）进行维修。

总结而言，OBD是一套内置于发动机控制单元的软件，用于监控发动机排放是否存在问题。在日常使用中，它持续运行，一旦发现排放相关故障，就会点亮仪表上的发动机排放故障灯，提示驾驶员及时维修。在车辆年检时，检测站（I站）会利用此软件将OBD运行数据上传至环保部门，并结合尾气数据和底盘测功机数据同步传递。若发现OBD系统故障或尾气排放超标，驾驶员需前往指定的修理厂进行维修，并上线复检，直至尾气排放达到国家标准后方可上路行驶。这实际上是借鉴美国的I/M制度来管理车辆排放的一种方法，旨在通过电子化手段有效保证排放符合环保要求。

1.3 车辆年检中的OBD详细检测流程

汽车OBD检测是一种用于监测和诊断车辆排放系统状态的现代技术手段。以下是对汽车OBD检测流程的详细解释和国家相关规定的概述：

（1）OBD检测流程。

①连接设备。检测站使用专业的OBD检测设备，通过车辆的OBD诊断座（通常位于驾驶舱下方或仪表附近）与车辆ECU（发动机控制单元）进行通信。

②读取数据。设备读取车辆ECU存储的各种数据，包括排放相关的故障码、排放系统的就绪状态等。

③检查故障码。分析读取的数据，检查是否存在与排放相关的故障码。故障码是ECU在检测到排放系统异常时自动存储的代码，用于指示具体存在的问题。

④检查就绪状态。验证排放系统的各个组件是否处于就绪状态。就绪状态是指排放系统的各个组件在最近的驾驶循环中都能正常工作，并且没有出现故障。

⑤判断合规性。根据读取的数据和检查结果，判断被检车辆是否符合国家排放标准。如果存在故障码或排放系统未就绪的问题，则车辆可能不符合排放标准。

（2）国家相关规定。

根据国家规定，2011年7月1日以后生产的轻型汽油车、2013年7月1日以后生产的重型汽油车以及2018年1月1日以后生产的柴油车都应通过OBD检测才能上路。这一规定旨在加强对车辆排放的监管，减少尾气排放对环境的污染，保护公众健康。

（3）注意事项。

在进行OBD检测前，客户应确保车辆处于正常状态，没有故障指示灯亮起。如果检测结果显示车辆不符合排放标准，客户应及时进行维修并重新进行检测，直到车辆符合标准为止。OBD检测是车辆年检的一部分，客户应按照规定的时间周期进行年检和OBD检测。

综上所述，汽车OBD检测是确保车辆排放合规性的重要手段之一。客户应积极配合检测工作，确保车辆排放达标，共同维护良好的空气质量。机动车环保检测OBD系统检验流程示意图见图1-6。

图1-6可以简化成以下几步：先判断是否属于需要OBD检测的车型。如果是则进行OBD检测，主要检测发动机故障灯是否正常，是否有关于排放的故障码；如果以上都正常，启动车辆后再看就绪状态是否正常。如果就绪状态正常，OBD检测通过；如果哪一项不合格，进行相应维修后再次检验，直到维修合格。

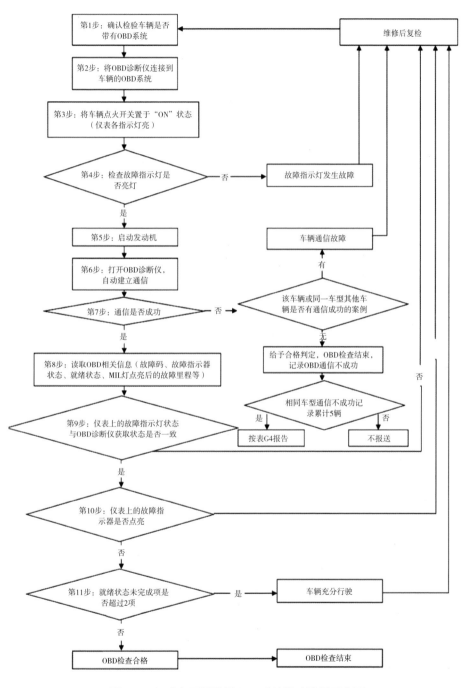

图1-6 机动车环保检测OBD系统检验流程示意图

1.4 什么是OBD系统的项目就绪

在OBD系统中，"就绪"是一个关键概念，它指的是车辆ECU（发动机控制单元）系统对排放相关的各个模块的功能进行自检，确认没有问题后的一种状态。这种状态表明OBD诊断已完成并处于准备状态，可以监测和报告车辆的排放性能。

在理解OBD系统中的就绪之前，有必要先了解汽车控制单元是如何进行故障码的自诊断的。发动机控制单元通过4种主要方法来判断故障并生成故障码，这些方法分别是功能判断法、值域判断法、逻辑判断法和时域判断法，见图1-7。

图1-7 4种生成故障码的方法

（1）值域判断法。当控制单元向执行器发出动作指令后，会监测相应传感器的输出参数是否按程序规定的参数发生变化。如果传感器输出信号没有按照预期变化，就判定执行器或相关电路出现故障。例如，水温传感器信号电压在正常情况下，随着水温的变化，应该在0.5~4.5V之间变化。在设计之初，设计者就已经考虑到这个范围了，如果低于0.5V或高于4.5V则表明相关线路或者传感器本身出现了故障。

（2）时域判断法。控制单元会接收来自传感器的输入信号，并检查这些信号是否在规定的数值范围内。如果输入信号超出这个范围，就判定该信号出现故障。例如，氧传感器正常工作时，其输出的信号电压在10s内应该变化8次以上，前提条件是热车在部分负荷状态下，即形成闭环调节状态下；如果氧传感器输出的信号电压变化次数每10s小于8次，就会生成氧传感器反应慢的故障码。

（3）逻辑判断法。控制单元对两个具有相互联系的传感器信号进行比较。如果两个传感器信号之间的逻辑关系违反设定条件，就判定其中一个或两个传感器有故障。例如，当控制单元检测到发动机转速大于某个值时，如果节气门位置传感器的输出信号小于某个值，就会判定节气门位置传感器出现故障。

（4）功能判断法。正常情况下发动机控制单元通过前氧传感器和后氧传感器的信号电压，综合分析三元催化器功能是否正常。如果后氧传感器输出的信号电压在幅度上小于前氧传感器的信号电压，在时间上稍滞后于前氧传感器信号电压，那么就判断三元催化器起到了有效的净化尾气的作用；如果后氧传感器的信号电压与前氧传感器接近，变化频率接近，那么就判断三元催化器失效，这种方法就是功能判断法。

OBD系统中的就绪状态是车辆排放相关功能正常自检完成后的状态，而汽车控制单元通过功能判断法、值域判断法、逻辑判断法和时域判断法等进行故障码的自诊断，以确保车辆排放系统的正常运行和及时报告潜在故障。

在日常维修工作中，我们经常会遇到P0420这一故障码，其解释是"三元催化转换效率低"。那么，这个故障码究竟是如何生成的呢？

三元催化器需要达到300℃以上的工作温度才能有效工作。当温度达标后，发动机控制单元会持续监控行车过程中后氧传感器的信号电压。如果发现该信号电压的变化幅度和频率与前氧传感器相近，即表明三元催化器的转化效率降低，可能出现了老化现象。需要注意的是，这一判断是在发动机达到正常工作温度，并且经过反复检测到这种不合理情况后才做出的。当在完成三元催化器工作正常的判断之前，OBD中关于三元催化器的监控状态是未就绪状态。

当我们遇到一辆显示"三元催化转换效率低"故障码的车辆时，如果仅仅使用诊断仪清除故障码而未进行任何维修工作，那么发动机控制单元会允许清除当前的故障码。此时，再用诊断仪读取故障码，将无法读取到该故障码。然而，这并不意味着车辆已经被修好。在检测线上进行检测时，尽管没有读取到故障码，但车辆排放仍然可能不合格。这是因为其可以利用未就绪项目进行相关的排放检测。

未就绪是一个重要的诊断项目。当我们清除故障码后，尽管发动机控制单元目前没有故障码显示，但它也无法确定三元催化器是否正常。此时，发动机控制单元会显示没有存储故障码，因为无法确定三元催化器是否处于正常状态。因此，发动机控制单元会给出另一个判断结果——催化器监测项目未就绪。

那么，如何才能让发动机控制单元对三元催化器的工作效率进行认定，使其对三元催化器的监控状态由未就绪变成就绪状态呢？这就需要我们找到并排除故障后，进行有效的驾驶循环操作。只有在完成有效的驾驶循环后，发动机控制单元才能判定三元催化器工作正常。

这里又出现了一个新的专业名词——有效的驾驶循环。那么，什么是有效的驾驶循环呢？在发动机控制单元内部程序中，除了OBD（车载诊断系统）监控排放的程序外，还有一个负责发动机点火、喷油管理的主程序。可以将OBD看作这个主程序中的一个子程序，它并不是时刻都在运行，而是在稳定行驶的工况下，发动机的混合气处于闭环调节状态下才会工作。也就是说，在发动机急加速等需要动力的工况下，安全可靠是有更高级别优先权的，所以不能要求排放的污染物最低，因此不会启用OBD监控程序。

例如，当一辆车的三元催化器损坏后，通过更换三元催化器并经过一段时间的正常行驶，使三元催化器达到正常工作温度并开始工作。此时，ECU检测到前后氧传感器正常工作且信号符合规律，就会判断三元催化器工作正常。经过反复确认后，ECU会将未就绪项目改为已就绪。此时，我们才能通过OBD检测确认车辆排放合格。

这种与OBD相关的就绪项目，除了三元催化器就绪项目外，还有其他几项，具体内容见图1-8。

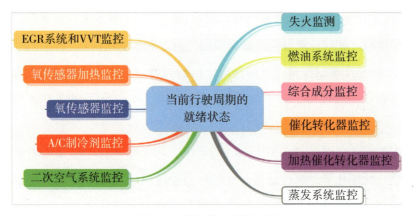

图1-8 就绪状态思维导图

需要说明的是，上述这些项目在不同车型上会有不同的配置，通常车辆只会装配以上项目中的几项。比如有些车型没有安装二次空气喷射装置，那么在我们的诊断仪中就会显示"不支持"。对于这个项目来讲，也就不在监控范围内了。反过来讲，如果我们从OBD检测结果中发现某个项目的状态是不支持，则表明该项目不是需要检测的项目，不会影响车辆检验结果。

1.5 什么叫3项未就绪

上文与大家探讨了"就绪"与"未就绪"的概念，在车辆年检过程中，经常会碰到"3项未就绪"的问题。那么，何为"3项未就绪"呢？

在进行OBD年检时，有如下规定：当未就绪的项目数量达到或超过3项时，车辆将无法通过年检。诊断仪可以读取到多项就绪项目，而这些项目的就绪状态有3种，分别为就绪、未就绪和不支持。其中，不支持意味着该车并未安装排放装置，这一情况我们在之前的部分已经讨论过。例如，某些车辆并未安装二次空气喷射装置，那么在该装置的监控结果状态栏中就会显示不支持，这种情况与年检是否通过无关，不会影响车辆的检测结果。只有当未就绪的项目数量超过3项时，才会判定车辆无法通过年检。

那么，导致未就绪的原因有哪些呢？

（1）当车辆存在排放故障码时，对应的项目就会显示未就绪状态，自然也无法通过年检。此时，需要先排除故障码，再处理未就绪项目。

（2）即便车辆已经通过维修排除了所有故障，并且清除了故障码且发动机系统不存在任何故障码，但某些项目仍然需要经过特定的行驶条件才能生成就绪状态。

根据国标GB18285-2018附录F.3的要求，汽油车环保年检报告单中的就绪项目包括三元催化器、氧传感器、氧传感器加热和EGR阀或CVVT系统。可以看出，三元催化器是必须检测的，而氧传感器或其加热器不工作时，三元催化器也无法生成就绪状态。换句话说，这些就绪项目必须全部合格，车辆才能通过年检。

如果确认车辆不存在故障，只是没有完成未就绪，可以通过以下方法来促进OBD系统的监控项目变成就绪状态。

（1）确保燃油箱内的燃油量在25%～75%之间，且燃油质量合格。

（2）启动时的温度要低于30℃，怠速预热直到发动机温度达到70℃以上，预热时间需大于5min。

（3）起步行车，轻踩加速踏板正常换挡，车速达到88km/h以上后，匀速行车5min。

（4）在不使用制动器的情况下，让车辆滑行减速到32km/h，挂空挡回到怠速状态，怠速运转3min后熄火，等待1min。

（5）再次起步行车，轻踩加速踏板正常换挡，车速超过88km/h以上后，行车2min。

（6）减速到32km/h，挂空挡回到怠速状态，怠速30s后关闭点火开关，等待1min。这样就完成了一个驾驶循环，可以用诊断仪读取未就绪项目是否已变成就绪状态。

如果仍未就绪，可以反复按照上述模式行驶。由于不同车型的生成就绪行驶监视程序存在差异，可能需要多个驾驶周期才能完成就绪。

需要注意的事项如下：

（1）热车状态下，发动机温度需超过80℃才能进入驾驶循环监视程序。

（2）三元催化器温度需超过400℃才能较好地催化排放物，所以在排队等待期间车辆不要熄火。

（3）清除故障码操作会导致OBD监控项目由就绪状态变成未就绪状态，因此不要用诊断仪执行清除故障码操作。

■ 1.6　未就绪功能解释

到底什么是未就绪？我们用实际案例来进行讲解，如一辆2017年的广汽传祺GS7的OBD检测结果，该车的就绪状态见图1-9和图1-10。

12个项目中，有5个是不支持，不支持的意思是该车没有装备此装置，所以

NO.	名称	值	单位
1	MIL(故障指示灯)状态	MIL OFF	
2	失火监测	完成	
3	燃油系统监测	完成	
4	综合部件监测	完成	
5	催化剂监测	未完成	
6	加热式催化剂监测	不支持	
7	燃油蒸气系统监测	不支持	
8	二次空气喷射系统监测	不支持	

图1-9　就绪状态1

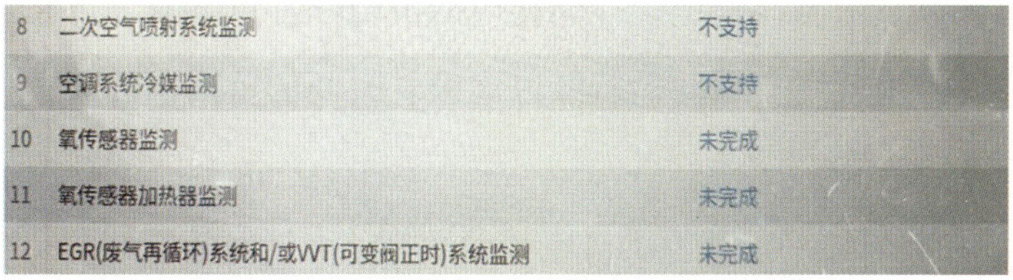

8	二次空气喷射系统监测	不支持	
9	空调系统冷媒监测	不支持	
10	氧传感器监测	未完成	
11	氧传感器加热器监测	未完成	
12	EGR(废气再循环)系统和/或VVT(可变阀正时)系统监测	未完成	

图1-10　就绪状态2

在检车时不用考虑该项目是否合格，不用检查。

剩下的几个项目分别是MIL（故障指示灯）状态、失火监测、燃油系统监测、综合部件监测、催化剂监测、氧传感器监测、氧传感器加热器监测、EGR（废气再循环）系统和（或）VVT（可变阀正时）系统监测。前4个已经完成，形成了就绪状态，后4个是未完成状态。

汽车维修人员可能对个别内容不太清楚，比如失火监测是如何工作的，什么叫综合部件监测。我们先对其中的项目进行以下解读。

（1）MIL（故障指示灯）状态。该监测项目要求打开点火开关状态下，发动机排放故障灯要点亮，着车后要熄灭，如果符合这个规律，该监测项目通过。

（2）失火监测。失火监测主要由发动机控制单元、转速传感器以及凸轮轴位置传感器等关键元件构成。具体来说，其工作原理如下：当发动机的某个气缸处于做功冲程时，混合气被正常点燃后产生做功过程，燃烧产生的高温高压蒸气推动活塞向下运动。在发动机的4个冲程中，仅做功冲程会加速曲轴的旋转速度，而在其余3个冲程中，由于轴瓦间的摩擦力，曲轴转速会相应下降。高速运转的发动机控制单元会依据曲轴转速信号，并结合点火信号来计算混合气被点燃做功后的加速度。如果检测到正常的加速度，则表明该气缸点火成功且做功良好。然而，若因某种原因导致点火失败，加速度将不会出现，系统便会判定为失火。这一功能依赖于新型发动机控制单元的快速计算能力，通常国4及以上标准的车辆才具备此功能。

在图1-11中，红色箭头所指为利用示波器的数学通道功能计算得出的发动机点火瞬间曲轴的加速度波形。

在发动机控制单元的运行过程中，若连续多次检测到失火现象，且超出程序预设的失火数量限制，系统会存储相应的故障码并点亮故障灯。此时，失火监控状态将变为未就绪。相反，若经过连续长时间的监测未发现失火现象，则该项目状态将变为就绪。

（3）综合部件监测。在发动机电控系统中，对所有传感器和执行器的信号电压范围进行全面监控。这一过程的目的是确保没有任何传感器的信号电压或

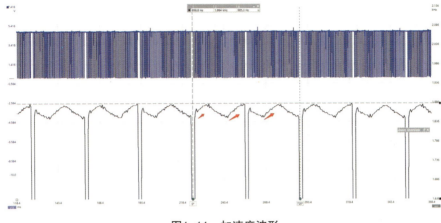

图1-11　加速度波形

执行器的信号电压超出正常范围。

以水温传感器为例，当传感器出现断路或短路时，会导致传入发动机控制单元的水温信号电压异常。具体来说，这种异常可能表现为信号电压高于4.5V或低于0.5V。根据传感器的电阻温度变化参数，我们可以推断出发动机所在的空间环境中，理论上不可能出现高于4.5V或低于0.5V的信号电压。如果实际检测中出现了这样的电压值，那么很可能是因为传感器损坏或电路出现故障。

发动机控制单元认为水温传感器的信号电压在0.5～4.5V之间是合理的。但需要注意的是，这里的"合理"并不等同于百分之百准确地检测到了正常的水温。例如，在正常情况下，80℃的水温对应的水温传感器电阻应为2000Ω。如果由于某些原因，传感器电阻变为了2500Ω，虽然从电压上看仍然在0.5～4.5V的范围内，但实际上信号已经偏离了正常值。这种故障被称为"信号电压漂移"，而发动机控制单元是无法检测到这种故障的，因此也不会报故障码。

综合部件监测主要是检查控制单元是否发现了明显的电路故障和元器件损坏。这一判断是基于一个合理的信号电压范围进行的。这里的"合理"虽然不一定代表百分之百的准确，但可以作为判断是否存在严重电路故障的依据。

综合部件监测项目显示就绪意味着在发动机控制系统运行期间，系统没有监测到任何硬性的电路故障。所有传感器和执行器在电路上的状态都符合自诊断系统的正常范围，没有发现问题。也就是说，此时没有电路相关的故障码。反过来讲，如果任何一个传感器电路出现故障，都会导致该项目未就绪。

（4）燃油系统监测。此项监测依赖于氧传感器作为关键的反馈信号源，与整个电控燃油喷射控制系统协同工作，共同构成一个混合气的闭环调节系统。该系统涉及多个关键元件的协同参与，包括控制单元、转速传感器、空气流量传感器、喷油器、氧传感器以及其他修正传感器，见图1-12。这些元件各司其职，共同确保燃油系统的精确监测与高效运行。

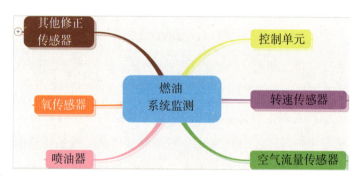

图1-12　燃油系统监测

发动机控制单元的主要目标是在负荷工况调整空燃比至理想的14.7∶1的状态，以确保最佳燃烧效率。在发动机启动后，氧传感器加热系统随即启动，一旦氧传感器输出信号电压，系统便进入闭环调节状态。不过，在冷车启动时，由于水温传感器信号的介入，为使发动机燃烧更稳定，空燃比会进行一定程度的加浓处理。当发动机水温升至80℃以上时，水温传感器的修正作用逐渐减弱，此时系统主要依赖发动机控制单元的计算进行空燃比调整，同时辅以氧传感器的修正。在正常情况下，空燃比会在14.7∶1附近波动，若偏离过大，则视为失去对燃油调整的控制，系统会生成相应的故障码并点亮故障指示灯。

燃油系统监测旨在确认发动机的混合气调节是否成功实现闭环控制，并检测在混合气调节过程中是否存在导致闭环调节无法实现的因素。当发动机报告混合气过浓或过稀的故障码时，即表明混合气的调节已无法长时间稳定在闭环状态。

若系统存在混合气过浓或过稀的故障码，则相应的燃油系统就绪项目将变为未就绪状态。这意味着混合气调节存在故障，或者虽然系统正常，但监控其正常工作的时间尚不足。

（5）EGR（废气再循环）系统和（或）VVT（可变阀正时）系统监测。该系统巧妙地将少量已燃烧的废气重新引导至进气管，并使这些废气进入燃烧室参与燃烧过程。这一设计旨在通过降低燃烧温度来抑制氮氧化合物（NO_x）的生成。具体而言，它消除了氮氧化合物生成所需的高温条件（同时影响高温、高压和富氧3个关键因素），从而有效打断了氮氧化合物的生成链条。

值得注意的是，废气再循环仅在车辆处于热车状态且部分负荷工况时参与混合气的调节。部分车辆的废气再循环阀还配备了开度位置传感器，以提供更精确的控制。

对于废气再循环系统的监测，OBD系统遵循严格的逻辑判断标准。当废气再循环阀在发动机控制单元（ECU）的指令下打开时，系统会监测进气量。由于废气的参与，实际进入发动机的新鲜空气量会减少，这是正常现象。如果废气再循环阀打开后未检测到进气量减少，则系统会判定存在问题，并存储相应的故障码，同时点亮故障指示灯。

随着技术的发展，新型车辆往往不再使用传统的EGR阀，而是通过可变配气相位控制系统（如CVVT系统）来实现废气的再循环功能。CVVT系统通过精确控制排气门的关闭时间，在吸气冲程中活塞下行时允许少量燃烧后的废气重新进入进气系统参与燃烧。这种方法同样能够降低燃烧温度，从而有效减少氮氧化合物的排放。

（6）氧传感器监测。氧传感器在监控混合气浓度方面发挥着关键作用。普通4线窄带氧传感器的工作原理是测量排气中的氧气含量，并将其转换为电压信号反馈给发动机控制单元。发动机控制单元根据这一信号对混合气进行稀浓修正，以确保将空燃比维持在理想的14.7∶1附近，从而实现理想燃烧并降低污染物排放。

氧传感器内部由陶瓷体和能斯特电极构成，其探测端置于排气管内部，尾部与大气相通。当废气流经传感器时，由于头尾两端的氧含量差异，传感器会像电池一样工作，输出一个信号电压。信号电压低于0.45V时表示混合气偏稀；高于0.45V但低于0.9V时表示混合气偏浓。这种通过测量气体成分产生电压的现象被称为能斯特效应，也是电化学原理的一种应用。

它的信号电压与混合气浓稀对应关系曲线见图1-13。

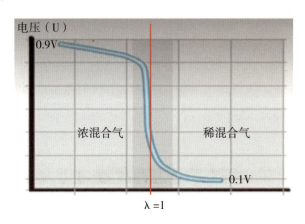

图1-13　信号电压与混合气浓稀对应关系曲线

关于氧传感器，它在冷态环境下是无法正常工作的，只有当温度超过300℃时，它才开始正常工作并输出信号电压。常见的故障包括传感器内部线路断裂，积炭污染而导致的损坏，以及外力撞击造成的变形损坏。这些故障在电路特性上的表现通常是信号电压变化幅度减小或信号电压响应速度降低等。

在车辆上，一般会配备两个氧传感器，分别安置在三元催化器的前端和后端。OBD系统对氧传感器的监测机制如下。

传感器触发故障码的条件：当传感器的输出信号电压持续保持在0.5V以上超过20s；或者当信号电压持续低于0.4V超过20s时，OBD系统便会生成相应的故障码，并点亮故障灯。

在正常工作状态下，氧传感器会在10s内完成超过8次的浓稀状态变化，也就是说，其信号电压会在0.45V上下波动8次以上。

■ 1.7 车辆识别代码（VIN码）不正确怎么办

有个别车辆在年检时会出现VIN码不正确的问题。遇到这样的问题我们该怎么办呢？

首先，需要了解什么是VIN码。VIN码（Vehicle Identification Number）是存储于车辆上的一个独特的电子编码，也被称为车辆识别码或车辆身份证。大多数车辆的前挡风玻璃左下角处标有这个编码，同时在车辆的右前门框和车身侧后下方也可以看到。VIN码是一个包含了车辆重要信息的唯一标识符。一辆大众轿车的铭牌上面就有VIN码，见图1-14。

图1-14　铭牌

它由字母和数字组合而成，共计17位，作用类似于我们的身份证，蕴含了车辆的诸多信息。每一辆车都拥有一个独一无二的VIN码。通过使用专用软件对这个VIN码进行解析，我们可以获取该车的品牌、生产厂家、车系和车型等详尽信息，见图1-15的内容。

通过对VIN码的解析，可以获取车辆生产的众多信息，如生产时间、地点和生产商等。这些信息在维修车辆时可以帮助我们准确订购配件，同时在车辆年检时作为身份信息的证明，有效防止检测过程中的造假行为。

通常情况下，发动机控制单元内部预存了VIN数据，这些数据由汽车制造商在车辆生产前写入。维修人员可以通过OBD诊断座插口，利用诊断仪读取发动机控制单元内部的VIN数据，这些数据应与车辆铭牌上的VIN码保持一致。若两

品牌	奥迪
厂家	一汽奥迪
车系	A4
车型	A4L
底盘	B8(8K)
版本	132kW舒适型
	155kW尊享型
	155kW运动型

图1-15　车辆信息

者不符，则无法通过年检，这也是年检中常见的VIN码错误问题。

　　鉴于VIN码的重要性，为何从OBD系统中读取的VIN码与行驶证上的VIN数据不一致呢？总结起来，原因主要有以下几点：一是部分国产面包车在出厂时，发动机控制单元内部并未写入VIN码，这可能是当初OBD标准刚开始执行，审查不够严格所致；二是车辆维修过程中更换发动机控制单元时未写入VIN码。第二种情况又分为两类：一类是更换的旧发动机控制单元仍带有原车的VIN码；另一类是更换的新发动机控制单元内部未写入VIN码。

　　面对上述问题，我们可以尝试先使用综合诊断仪进行VIN码的写入。一般在发动机控制单元菜单中会有特殊功能菜单，选择"写入VIN"选项，按设备提示操作即可完成。

　　若上述条件不具备，市面上还有一种汽车电脑数据写入设备，该设备能够读取发动机控制单元中的数据，找到VIN数据并进行修改，进行校验后再写入发动机控制单元，使发动机控制单元中的VIN数据与车辆VIN数据保持一致。

　　当以上方法均无法解决问题时，建议前往4S店，请专业人员帮助我们解决问题。一般情况下，4S店可以通过刷电脑程序来写入VIN数据。

需要注意的是，由于VIN数据涉及车辆防盗和环保两方面的问题，因此无论采取哪种方法写入VIN码，都必须确保操作的合法性。写入前须认真记录相关信息，并上报给公安和环保部门进行备案，以确保OBD环保制度的合规合法的运行。

2 检车不过的原因有哪些

2.1 汽车灯光知多少

汽车灯光的主要作用是照明和指示信号。大多数汽车维修人员应掌握汽车排放方面的知识，但由于各种原因，我们往往忽略了这些知识。同样，对于汽车灯光，虽然我们较为熟悉，但在实际工作中，要全面检查每一种灯光功能，可能很多人都做不到。因此，现在有必要补上汽车灯光这门课，尤其是随着新车型的不断出现，汽车灯光也有了不少新功能，如日间行车灯、转向辅助照明和路边停靠灯等。那么，汽车上到底有多少种灯光呢？这些灯光又有哪些具体的技术要求呢？我们先用思维导图对汽车灯光做一个总结，见图2-1。

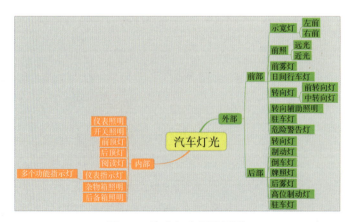

视频二维码

图2-1 汽车灯光思维导图

汽车灯光分为外部灯光和内部灯光，其中外部灯光又可分为前部和后部灯光。这些灯光有什么技术要求呢？

首先照明用的前照灯又叫大灯或头灯，前照灯按照功能可以分为远光灯和近光灯。

近光灯：用于近距离照明，照亮车辆前方30～40m的路面，在夜间正常行驶和会车时使用，避免对向车辆驾驶员产生炫目。

远光灯：能照亮车辆前方100～150m的较远距离，适合在车辆较少的道路上高速行驶或在没有路灯的野外道路行驶时使用，开启远光灯能让驾驶员更好地观察远方路况。

具有信号指示功能的灯光有以下几种。

转向灯：车辆在转向、变更车道、超车和掉头等情况下使用，可提前将自己的行驶意图告知其他车辆和行人，每秒钟亮灭1次，如果前面或后面的转向灯的灯泡有损坏，闪烁频率会加快到每秒钟2次。

制动灯：安装在车辆尾部，在制动时亮起，警示后方车辆保持安全距离以避免发生交通事故。多数车辆配置了一个高位制动灯，在后挡风玻璃上，多数高位制动灯是LED灯。另外，安装在左右翼子板角上的制动灯灯泡，一般为普通白炽灯灯泡。

示宽灯（位置灯或小灯）：用于显示车辆的宽度，在傍晚或者阴天等光线较暗的情况下打开该灯光，可以让其他车辆和行人更容易注意到车辆轮廓和位置。

雾灯：雾灯分为前雾灯和后雾灯。前后雾灯都是在大雾或雨雪天气下开启。前雾灯发出的是黄色灯光，可以在大雾和雨雪等能见度较低的天气状况下照亮车辆前方道路，它的光线穿透力强；后雾灯是红色灯光，主要作用是提醒后方车辆保持车距，避免造成事故。

倒车灯：在车辆倒车时自动亮起，为白色或黄色灯光，它既是照明灯又是信号灯，可以照亮车辆后方区域，方便驾驶员观察后方情况，同时也提醒周围的车辆和行人注意安全。

转向灯：其主要起到交通信号的作用。在车辆行驶中，如果需要变道或在十字路口拐弯时，需要打开对应的转向灯，以提醒周边车辆和行人注意安全。老车型有左前、右前、左后、右后4个转向灯，新式车辆会增加左右翼子板上的转向灯，以及安装在后视镜上的转向灯。

危险警告灯：当车辆出现故障时，打开此开关，前后左右的4个或6个转向会同时闪烁，起到警告周围车辆避让的作用。

个人认为，还有个重要的灯光，就是仪表照明。仪表照明灯光涉及安全，在夜间行车时如果仪表盘漆黑一片是很危险的，此时我们无法了解当前车速和发动机转速等重要信息，影响行车安全。

以上是所有车型必备的灯光，在车辆年检时需要保证以上灯光必须全部正常点亮。另外，还有一些具有其他功能的灯光，如转向辅助照明。

示宽灯、前大灯（远光、近光）、前后雾灯、制动灯、牌照灯、转向灯和危险警告灯等在车辆年检上线前，需要进行功能确认，如果出现故障，要提前维修，保证一次上线的通过率。需要特别提醒大家，虽然转向灯和双闪警告灯点亮的是同一个灯泡，但危险警告灯是否可以正常工作是需要确认的。我们检查的不仅包括是否可以点亮灯泡，还包括是否可以使用对应的功能。

其实作为驾驶员，应该主动定期检查车辆灯光状态，发现故障应及时进行维修以保证安全行车。

总结：

通过以上内容，我们可以根据灯光的颜色来找出不同车型的灯光功能及灯光的安装位置，并结合位置来检查灯光功能，这样可以方便初学者快速全面地检修灯光故障。

2.2　认识汽车仪表上的指示灯

你可能想不到，指示灯是汽车上的一大发明，随着近几年新能源车辆的大量涌现，汽车仪表的新功能指示灯也越来越多，很难通过一篇文章把全部的仪表指示灯讲清楚，但事有主次，我们要尽可能地多知道那些主要功能指示灯的含义，以及这些灯亮起后该如何处理。

开讲之前，咱们先对仪表上的指示灯进行分类，常见的分类见表2-1。

表2-1　指示灯分类说明

第一类：车辆状态指示灯		第二类：故障指示灯		第三类：功能指示灯	
	车门未关紧指示灯：车门没关好该指示灯就会亮起，提醒车主关好车门		发动机故障灯：当发动机的电子控制系统出现故障时该指示灯就会亮起，如因传感器故障和线路问题等而亮起		转向指示灯：开启转向灯时，该指示灯会闪烁点亮，以提示其他车辆和行人
	安全带未系指示灯：如果驾乘人员没有系安全带，该指示灯就会亮起		制动系统故障灯：制动液不足或者制动系统的电子元件故障时该指示灯就会亮起		远光灯指示灯：开启远光灯时该指示灯亮起，提示驾驶员目前为远光灯状态
			机油压力过低指示灯：该故障灯亮起时，应马上停车检查，确认正常后，才能继续行驶，如有异响，不能继续行驶，以免发生机械事故		

以上是常见的仪表指示灯。表中仅列出了一小部分指示灯，目的是让我们对仪表上的指示灯有一个了解，假如我们遇到不认识的故障灯出现在仪表上，该如何去做呢？

仪表指示灯遵循的规律：绿色的为某项功能工作的指示灯，红色的为故障指示灯或涉及安全的车辆状态指示灯，黄色的是故障指示灯。

对于绿色或蓝色的指示灯点亮后，我们即使不认识也不用担心，它属于正常工作的指示灯；黄色的一般是故障指示灯，不需要马上停车处理，可以低速行驶，将车辆开到方便停车的地方再进行处理；红色的指示灯需要立即处理，不能犹豫。

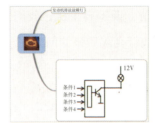

视频二维码

图2-2　发动机排放故障
指示灯工作原理

接下来重点讲一下发动机排放故障指示灯，它的工作原理见图2-2。

只要在发动机控制单元发现硬件损坏或电路故障，就会点亮该故障指示灯。该故障指示灯点亮后意味着发动机控制单元存储了某些故障码。到底是什么地方出问题了呢？这就需要"问"故障诊断仪。诊断仪通过OBD诊断插头与车辆连接，之后就可以读取到发动机故障指示灯点亮的原因。

造成这个故障指示灯点亮的原因是发动机控制单元监测到了排放超标问题，而这个问题背后的原因众多，在不连接诊断仪的情况下，是无法得到具体答案的。即使连接了诊断仪，也要根据故障码，结合其他设备的检测结果，才能判断哪里出现了问题。当然，也有些问题比较简单，比如水温传感器线路故障，一般检修起来比较简单。

车辆在年检时，需要该故障指示灯按以下规律点亮，才表示发动机排放系统工作正常。打开点火开关且不着车状态下，仪表上的发动机排放故障指示灯应该亮起。当启动着车后，此故障指示灯熄灭，表示发动机控制单元内部没有监测到故障，可以进行下一环节的检查。

如果在行车过程中，仪表上此故障指示灯点亮，该如何处理？

（1）亮的状态下，如果故障指示灯是一闪一闪的，要放慢行驶速度，防止烧坏三元催化器。

（2）即使动力没有明显问题，也要缓慢行驶，然后尽快到修理厂进行检查和维修。

■ 2.3 灭火器与三角警示牌

为保证车辆安全行车，在进行年检时需要检查车辆上的灭火器（图2-3）和三角警示牌（图2-4）。

汽车灭火器是用于预防和扑灭汽车火灾的安全设备。它主要有以下几种类型。

（1）干粉灭火器。其灭火效率较高，能扑灭多种类型的火灾，如固体燃料（车内的座椅织物等）火灾和液体燃料（汽油、柴油等）火灾。

（2）二氧化碳灭火器。其灭火后不留痕迹，比较适合扑灭车辆内的电器设备起火。

选择汽车灭火器时，要考虑灭火器的容量，一般来说1kg左右的比较合适。还要关注其有效期，通常是1～2年，要定期检查压力是否正常。

按照规定，部分营运车辆（如出租车、客车等）是必须配备灭火器的。私家车并没有强制要求，但为了安全，也建议配备。使用时，要先拔掉保险销，然后对准火焰根部进行喷射，这样才能保证快速有效地扑灭着火点。

汽车上的三角警示牌是汽车的常规应急装备。一般应放在车辆后备箱的固定位置。当车辆出现事故时，需要将三角警示牌快速打开并放在车辆后方，放置距离有具体要求。

图2-3　灭火器

图2-4　三角警示牌

作用：当车辆在路上突发故障或发生意外事故时，用于提醒其他车辆注意避让，以降低二次事故的发生率。

工作原理：运用高折射率的玻璃微珠回归反射原理和反光晶格的微菱形反射原理制成，将远方直射光反射回发光处，无论白天黑夜都有良好的逆反射光性能。

法规要求：《中华人民共和国道路交通安全法》规定机动车应配备安全警示标志，《机动车运行安全技术条件》明确除摩托车和轻便摩托车外，其他机动车应配备符合标准的三角警示牌。

三角警示牌的使用方法如下。

放置距离：在普通道路上白天应摆放在车后50m，夜间应摆放在车后150m。在高速路上，白天应摆放在车后150m，夜间应摆放在车后250m。

放置位置：放在车辆出现故障的车道正后方，弯道车辆发生故障时，须摆放在弯道入弯前。

其他注意事项：当我们放置好三角警示牌后，还要做一件事——打开双闪警告灯，尤其是在夜间，这样做可以达到更好的提示效果，提示后方来车注意避让，最大限度地预防二次交通事故的发生。

选购与存放：应选购质量有保证、符合《GB 19151-2003机动车用三角警示牌》标准的产品。三角警示牌一般应放置在车辆的后备箱或者后备箱下隔板内。

■ 2.4　汽车排放检测方法

在年检时，车辆排放检测需要在检测台上进行。各种检测方法生成的报告单各不相同，因此，我们要了解这些报告单是通过哪种检测方法生成的。

（1）双怠速法。

这是一种比较传统的检测方法。在车辆处于怠速和高怠速两种工况下进行检测。怠速工况可以体现车辆在日常停车等待时的尾气排放情况，高怠速（一般是额定转速的50%左右）能更好地反映发动机在一定负荷下的排放水平。检测人员会把尾气收集装置连接到汽车排气口，检测尾气中的一氧化碳（CO）和碳氢化合物（HC）等污染物的含量。

急速转速一般为700～800r/min，高怠速为2500r/min，在这两种转速下收集30s内的排放数据，实际操作流程见图2-5。

上述测量到的数据经过设备内部进行计算，取平均值后列表显示出来，见图2-6。

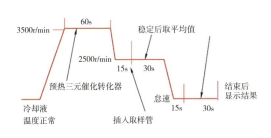

图2-5　操作流程

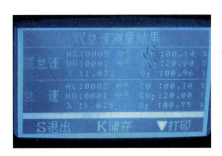

图2-6　尾气成分

（2）稳态工况法。

根据国标，车辆在底盘测功机上模拟实际道路行驶的稳定状态，通过控制车辆的速度和负荷等参数，模拟不同的行驶工况，如城市道路或高速公路行驶等。比如，车辆会以固定的车速（25km/h或40km/h等）运行，此时检测设备会收集汽车尾气，测量尾气中各种污染物的含量，从而判断车辆尾气排放是否符合标准。在这些稳态工况下检测尾气，能更精准地反映汽车在实际行驶中的排放性能。检测项目包括氮氧化合物（NO_x）、一氧化碳（CO）和碳氢化合物（HC）等污染物的排放量。

这种方法相对比较准确，能够较好地反映汽车在正常行驶工况下的尾气排放情况。

（3）瞬态工况法。

瞬态工况法是一种用车尾气进行检测的方法。

工作原理：将车辆置于底盘测功机上，通过测功机对车辆施加一定的载荷，模拟车辆在实际道路上行驶时的各种工况，如加速、减速、匀速和怠速等。在车辆运行过程中，利用排气取样系统和尾气分析仪等设备实时测量尾气中CO、HC、NO_x等污染物的浓度，同时通过气体流量分析仪测量汽车的排气流量，经处理计算得出每种污染物每千米的排放情况。

主要特点： 模拟真实工况，能反映车辆实际行驶时的排放特征，克服了其他检测方法不能检测电喷车氧传感器故障的问题，可有效检测车辆在不同行驶状态下的尾气排放情况。

检测精度高： 与新车检测有较高的相关性，准确率高，误判率低，能更准确地判断车辆尾气排放是否达标。

全面检测污染物： 可检测CO、HC和NO_x 3种污染物，并以g/km表示，有利于归纳排放因子，估算和统计城市机动车污染物排放总量。

局限性： 对检测设备和人员要求高，设备成本高，维护复杂。

（4）简易瞬态工况法。

它是瞬态工况法的简化版本，在保证一定检测精度的前提下，降低了检测成本和设备复杂度。其主要检测汽车在模拟实际行驶过程中的尾气排放情况，关注多种污染物的排放量。

瞬态工况法和简易瞬态工况的区别如下。

• 技术原理和设备复杂程度

瞬态工况法：它与新车试验要求一致，技术含量高，设备复杂精密。

简易瞬态工况法：它是瞬态工况法的简化形式，设备在满足基本检测需求的基础上进行了简化，技术难度相对较低。

• 工况模拟与检测过程

瞬态工况法：工况模拟更接近真实的车辆行驶情况，包括各种复杂的加速、减速、怠速等工况，检测过程严格且全面。

简易瞬态工况法：同样模拟车辆实际行驶中的变速度、变负荷工况，但工况曲线相对简化，检测流程更简便快捷。

• 检测数据及结果呈现

瞬态工况法：它能更精确地测量尾气中污染物的浓度和排放质量等多维度数据。

简易瞬态工况法：它主要提供每千米排放气体质量的数据，更侧重于直观反映车辆的整体排放水平。

• 成本与维护

瞬态工况法：设备成本高，维护复杂，对检测人员专业水平要求高。

简易瞬态工况法：设备成本相对较低，维护相对简单，对人员专业水平要求相对低一些。

• 适用范围

瞬态工况法：它适用于对检测精度要求极高的场合。

简易瞬态工况法：它适用于非全时四驱的汽油车尾气检测。

■ 2.5 车辆年检前的准备工作

年检时有哪些工作要提前准备好？我们可以按思维导图进行准备，详见图2-7。

（1）车辆外观。

确保车身外观干净整洁，提前清洗车辆，因为脏污可能会掩盖车身的划

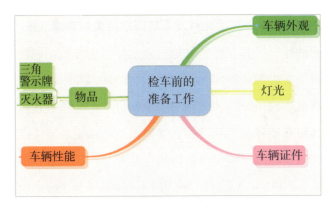

图2-7 检车前的准备工作

痕、破损等情况。

检查车身外观，如车身不能有明显变形，车辆的保险杠、后视镜等部件要完好无损，并且安装牢固。

（2）车灯：大灯（近光和远光）、转向灯、制动灯、雾灯、示宽灯等所有车灯都能正常工作。如果发现灯泡损坏，要及时更换。

（3）物品：三角警示牌和灭火器。

（4）车辆证件准备。

准备好机动车行驶证，这是车辆年检必须提供的证件，上面包含车辆的基本信息。

准备好交强险保单（副本），这是为了证明车辆已购买交强险，在有效期内的交强险保单副本才可以用于年检。

（5）车辆性能。

提前检查车辆的制动系统，确保制动系统灵敏有效。可以在安全的地方简单测试一下制动距离是否正常。

检查车辆尾气的排放情况，虽然最终的检测以年检时的专业设备为准，如果车辆有明显的冒黑烟等情况，就需要提前维修调整，避免年检时尾气不达标。

对于一些特殊车辆，如货车等，还要检查车辆的轮胎是否符合要求，包括轮胎的花纹深度和轮胎型号等。

除了以上的工作外，还要注意以下与排放相关的前期准备。

不要加满油箱，尤其在已经跳枪后。这样可能导致油箱液面过高，引起活性炭系统故障。当然燃油也不能太少，建议在25%～75%之间。

使用高质量燃油。因为劣质燃油虽然便宜，但会造成排放量升高甚至带来一些故障，如果车辆停驶时间较长，油箱内的汽油也会丧失蒸发性能，导致排放量升高，建议这种情况应更换新燃油，尤其是使用双燃料的天然气车辆，油箱内燃油往往是累积1年以上的，不要使用这种燃油上线检车。

如果冷却系统存在问题，不要上线检车，水温过低会导致OBD系统不就绪；水温过高会导致检车时出现故障。

车辆行驶超过5000km要更换机油，因为超过5000km的车辆会因为机油中有燃油的污染而造成排放超标。可以使用尾气分析仪检测一下尾气排放数据。如果检测条件不具备，应更换机油。

建议检车前去修理厂进行预检。一是查看OBD系统是否有故障码，是否存在未就绪问题，一般修理厂都具备OBD检测项目，只要有综合型的诊断仪就可以进行检测；二是检测一下尾气排放成分是否超标，这个检测项目只有在使用尾气分析仪，且由技术人员解读排放数据时，才能进行。

2.6　学会看懂车辆年检报告单

如果我们去医院看病，可能需要化验某项生理指标，这时就会看到各种医学专用名词。汽车的检测报告单上也会有一些汽车技术专用名词，但相对来讲，还是比医院的化验单要简单得多。

机动车检验报告单分为两类：一类是安全方面的检验；另一类是排放方面的检验。从报告单上可以看到，检验内容分为人工检验和设备检验两部分。人工检验包括的内容如下。

车辆唯一性检查：核对车辆号牌和证件，检查车辆号牌是否清晰、完整，有无损坏，是否有涂改等情况，号牌号码与行驶证等证件是否一致。

车辆识别代码（VIN码）及发动机号码：查看车辆识别代码和发动机号码是否清晰、有无篡改痕迹，是否与登记信息相符。

车辆特征参数检查：外廓尺寸测量，使用钢卷尺等工具测量车辆的长、宽、高，确保其符合车辆登记时的尺寸参数。

轴距测量：检查车辆前后轴之间的距离，确保轴距与登记信息一致。

核定载客或载质量检查：根据车辆类型，核对核定的载客人数或载质量，检查是否存在违规改装，增加载客人数或载质量的情况。

车辆外观检查：检查车身是否有碰撞、变形、破损、锈蚀等情况，漆面是否均匀，有无大面积脱落或修补的痕迹。

车窗玻璃检查：查看车窗玻璃是否齐全、完好，有无裂纹、破损，前挡风玻璃及两侧前窗玻璃的透光率是否达标。

灯光及信号装置检查：检查车辆的大灯、转向灯、制动灯、雾灯、示宽灯、危险警告灯等外部照明灯和信号灯是否齐全，灯罩有无破损和裂纹。

制动系统检查：观察制动踏板行程是否正常，制动是否灵敏有效，制动管路有无泄漏，制动片和制动盘的磨损情况是否在合理范围内。

转向系统检查：检查方向盘的自由转动量是否符合标准，转向是否轻便灵活，有无卡滞和跑偏现象，转向助力装置是否能工作正常。

安全带及安全气囊检查：检查每个座位的安全带是否完好，拉伸和锁止功能是否正常，安全气囊表面有无破损，危险警告灯是否正常。

底盘动态检验：检查传动轴和半轴等传动部件是否连接牢固，有无松动、变形和异响，传动带的张紧度是否合适。

行驶系统检查：查看轮胎的磨损程度和花纹深度是否符合要求，有无破损、鼓包和偏磨等情况，轮胎气压是否正常。

底盘部件检查：检查底盘的车架、悬挂系统、减震器、下摆臂、球头等部件是否齐全，有无变形、破损、松动和锈蚀等情况。

底盘防护装置检查：检查车辆底部的发动机护板和油箱护板等防护装置是否安装牢固，有无破损。

尾气检测报告单主要包含以下关键信息。

一氧化碳（CO）：它是燃料不完全燃烧的产物，以体积分数为单位，在检测报告单中，应符合国家排放具体标准。如果检测值过高，可能是发动机燃烧不充分，原因包括喷油器故障、火花塞问题或者空气滤清器堵塞等。

碳氢化合物（HC）：它主要来源于未燃烧的燃油，单位是10^{-6}（ppm）。高HC排放可能是由于点火系统故障、气门油封老化等原因导致燃油没有完全燃烧就排出。

氮氧化合物（NO_x）：它是在高温高压环境下，由空气中的N_2和O_2发生反应而生成的，单位是10^{-6}（ppm）。NO_x排放过高可能是由发动机燃烧温度过高或者尾气处理系统故障而引起的。

检测结果判定：如果各项指标数值都在规定的排放标准限值以内，报告单上通常会显示"合格"或类似字样，表示车辆尾气排放符合要求。

若有指标超出限值，报告单会明确指出超标项目，这意味着车辆尾气排放不达标，需要对车辆进行维修和调整，如清洁或更换空气滤清器、火花塞、喷油器，或者检查尾气处理装置等相关部件。

尾气检测报告单见图2-8。

报告编号：		检验日期：2024-12-19				
OBD检查						
OBD故障指示器	OBD系统故障指示器		☑合格　□不合格			
	通信		☑通信成功　□通信不成功			
			通信不成功（填写以下原因） □接口损坏　□找不到接口　□连接后不能通信			
	OBD系统故障指示器报警		□有　☑无			
	故障代码及故障信息（若故障指示器报警）		-			
就绪状态	就绪状态未完成项目		□无　☑有			
			如有就绪未完成的，填写以下项目 ☑催化器　□氧传感器　□氧传感器加热器 □废气再循环（EGR）/可变气门VVT			
其他信息	MIL灯点亮后的行驶里程（km）：-					
CAL ID/CVN信息	发动机控制单元	CAL ID 2780AMSC404020YP		CVN 110CD0CB		
	后处理控制单元（如适用）	CAL ID		CVN		
	其他控制单元（如适用）	CAL ID		CVN		
OBD检查结果	☑合格　□不合格			检验员 段林伟		
排气污染物检测						
检测方法	□双怠速　　☑稳态工况法　　□简易瞬态工况法					
检验结果内容						
		双怠速				
		过量空气系数（λ）	低怠速		高怠速	
			CO/%	HC/10^{-6}	CO/%	HC/10^{-6}
	实测值	-	-	-	-	-
	限值	-	-	-	-	-
		简易瞬态工况法				
		HC/(g/km)	CO/(g/km)		NOx/(g/km)	
排气污染物检测	实测值	-	-		-	
	限值	-	-		-	
		稳态工况法				
		ASM5025		ASM2540		
		HC/10^{-6}	CO(%)	NO/10^{-6}	HC/10^{-6}	CO(%)	NO/10^{-6}
	实测值	-	0.39	961	-	0.31	1386
	限值	-	0.50	700	-	0.40	650
	结果判定	□合格　☑不合格					
	检验员	引车员				
燃油蒸发测试	加油口测试	□合格　□不合格		油箱盖测试	☑合格　□不合格	
	结果判定	□合格　□不合格				
	检验员 -					
排气污染物检测结果	□合格　☑不合格					
周期内检测次数	2					
检验机构地址及电话						
授权签字人						
批准人			单位盖章			
注：1）依据标准《汽油车污染物排放限值及测量方法（双怠速法及简易工况法）》（GB18285-2018）；2）本报告仅对现场样本状态负责。						

图2-8　尾气检测报告单

从报告单可以看出，该车采用稳态工况法测量排放情况，检测数据如下。

ASM5025工况：

CO实测值为0.39%，限值为0.50%，实测值小于标准值，该项目合格。

NO_x实测值为961×10^{-6}，限值为700×10^{-6}，该项目超标，不合格。

ASM2540工况：

CO实测值为0.31%，限值为0.40%，该项目合格。

NO_x实测值为1386×10^{-6}，限值为650×10^{-6}，该项目超标。

综合判断结果为排放不合格。

2.7 学会分析车辆检验报告单1

车辆检验报告单见图2-9，报告单内包含了OBD检测的结果和排放检测结

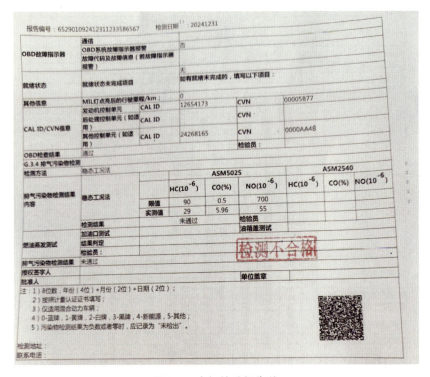

图2-9 车辆检验报告单

果。图中显示OBD检测不合格，未通过检测。排放检测结果是采用稳态工况法检测的，并且仅检测了ASM5025一个工况。

在ASM5025工况下，可以看到共有3项检测数据，分别是HC、CO、NO$_x$，其中两项数据合格，一项数据超标。此车数据显示（图2-10）CO超过标准值60倍，其余两项合格。汽车尾气中CO超标的主要原因如下。

ASM5025		
HC(10^{-6})	CO(%)	NO(10^{-6})
限值 90	0.5	700
实测值 29	5.96	55
未通过	检验员	
	油箱盖测试	

图2-10 数据1

可能原因1：空气滤清器堵塞，使进入发动机的空气量减少，造成燃油与空气混合比例失调，燃油成分在缺氧条件下燃烧，从而导致CO生成量增加。

可能原因2：喷油器故障，例如喷油器滴漏或喷油过多，相当于供气量偏小，产生了过多的CO。

可能原因3：氧传感器故障。氧传感器用于监测尾气中的氧含量，从而调节燃油喷射量。如果它失效，会使发动机控制单元无法准确控制喷油量，导致供油量过多，产生的CO就会超标。

可能原因4：燃油品质差或者使用了非燃油燃料，该燃料中含有较多的碳元素，从而产生过量的CO。

我们可以针对以上4个原因进行检查，逐一排除后进行相应的处理。

2.8 学会分析车辆检验报告单2

在车辆检验报告单中，该车在ASM5025工况和ASM2540工况下的检测结果为不合格，见图2-11。

稳态工况法					
ASM5025			ASM2540		
HC/10^{-6}	CO(%)	NO/10^{-6}	HC/10^{-6}	CO(%)	NO/10^{-6}
实测值	–	0.39	961	–	0.31	1386
限值	–	0.50	700	–	0.40	650

图2-11　数据2

ASM5025工况：

CO实测值为0.39%，限值为0.50%，实测值小于标准值，该项目合格。

NO实测值为961×10^{-6}，限值为700×10^{-6}，该项目超标，不合格。

ASM2540工况：

CO实测值为0.31%，限值为0.40%，该项目合格。

NO实测值为1386×10^{-6}，限值650×10^{-6}，该项目超标。

综合判断结果为排放不合格。在两个工况中，ASM5025工况中NO超标261×10^{-6}，ASM2540工况中超标736×10^{-6}，超过标准值1倍多。CO在两个工况中均不超标，在限值以内。这项检测结果说明该车在行驶过程中，有过多的NO$_x$排出。我们根据汽车发动机尾气中氮氧化合物生成三要素（高温、高压、富氧）进行分析，怀疑其可能由以下6种原因造成。

原因1：燃烧温度过高。当发动机燃烧室内的温度过高时，空气中的N$_2$和O$_2$会发生反应，产生大量的NO$_x$。比如发动机冷却系统存在故障，发动机温度快速上升，这种高温环境就容易造成NO$_x$超标。

原因2：火花塞点火时间过早。点火时间过早会导致燃烧过程提前，使燃烧室内的压力和温度在活塞还没到达最佳位置时就快速升高，增加NO$_x$的生成量。

原因3：混合气过稀。如果燃油和空气的混合比例中空气过多，混合气过稀，则为NO生成提供了O$_2$，进而导致NO$_x$生成过多。

原因4：三元催化器故障。三元催化器是用于净化尾气的装置，正常情况下可以将NO$_x$转化为无害物质。如果它出现堵塞和失效等问题，就无法有效处理NO$_x$，从而导致尾气中NO$_x$超标。

原因5：燃油品质差会引起爆震，导致燃烧温度和压力上升，造成NO$_x$超标。

原因6：发动机"烧机油"严重，过多的机油进入燃烧室，导致缸内积炭过多，压缩比增加，为形成NO_x创造了条件，机油燃烧后产生的积炭排出后会附着在三元催化器的气流孔内壁，导致三元催化器无法处理排气中的有害成分，从而造成排放超标。

想要排除此车排放超标的问题，要从以上6个方面入手进行相应的检查，根据检查结果进行针对性治理。

■ 2.9　我国汽油车排放标准发展历程

（1）国3排放标准（国家第三阶段机动车污染物排放标准）。

发布与实施： 2005年4月15日，由国家环境保护总局和国家质量监督检验检疫总局联合发布了国标GB18352.3–2005《轻型汽车污染物排放限值及测量方法（中国Ⅲ、Ⅳ阶段）》。自2007年7月1日起，所有新定型轻型车必须符合标准中规定的型式核准排放限值的要求，并停止对仅达到国家机动车排污标准第二阶段排放限值轻型车的型式核准。自2008年7月1日起，全面停止仅达到"国2标准"轻型车的销售和注册登记，具体要求如下。

排放限值提升： 增加了低温（–7℃）下冷启动后排气中CO和HC排放试验、双怠速试验等检测项目，加严了排放限值，改变了Ⅰ型试验和Ⅳ型试验的试验规程。

加装车载排放诊断系统： 要求新车必须安装OBD系统，该系统增加了检测点，在三元催化器的进出口上都有氧传感器，可实时监控车辆排放情况。

燃油限制提升： 将柴油中的含硫量从3000×10^{-6}降低到350×10^{-6}，汽油中的含硫量从400×10^{-6}降低到150×10^{-6}，从而提高了催化剂效率，减少了机动车污染物排放量。

减排效果及意义： 可大幅度削减单车的污染物排放，其排放污染物总量比达到国2排放标准的车辆减少40%左右。

（2）国4排放标准（国家第四阶段机动车污染物排放标准）于2005年12月

30日发布。

污染物限值：要求汽车排放的HC每千米低于0.1g，CO每千米低于1.0g，NO_x每千米低于0.08g。

技术要求：通过更好的催化转化器的活性层、二次空气喷射以及带有冷却装置的排气再循环系统等技术的应用，控制和减少汽车排放的污染物。

实施时间：初步计划，原定于2010年1月1日实施3.5吨以上柴油车国4排放标准，3.5吨以下柴油车于2011年1月1日实施。

实际情况：因油品、成本、技术等原因推迟实施。2011年1月1日起，大于3.5吨的柴油车实施国4排放标准；2011年7月1日起，小于3.5吨的柴油车实施国4排放标准。

区域差异：2013年7月1日，北京、上海、广州、深圳、南京、乌鲁木齐、兰州等19个地区严格执行国4排放标准。

标准对比：中国轻型汽车国4排放标准在污染物排放限值上与欧4排放标准完全相同，但在实验方法上有一些改进。

对车辆的影响：国4排放标准要求汽车在国3排放标准基础上，轻型汽车单车污染物排放降低50%左右，重型汽车单车排放降低30%左右，PM排放降低80%以上，车辆成本相应增加3000元左右。

（3）国5排放标准（国家第五阶段机动车污染物排放标准）。

标准发布：2013年9月17日，环保部发布了《轻型汽车污染物排放限值及测量方法（中国第五阶段）》。

北京于2013年9月率先实施轻型车国5排放标准；上海于2014年4月30日起对轻型点燃式发动机汽车以及公交、环卫、邮政行业重型柴油车实施国5标准；珠三角地区于2015年3月1日起对轻型点燃式发动机汽车实施国5标准，于2015年7月1日起对公交、环卫、邮政行业重型压燃式发动机汽车实施国5标准。全国2017年1月1日起在全面实施。

国5排放标准对机动车排放的CO、非甲烷烃、NO_x、PM等污染物的限值更为严格，要求汽车每行驶1km排放的CO不能大于1000mg，非甲烷烃不能大于

68mg，NO$_x$不能大于60mg，PM不能大于4.5mg。

减排效果及意义： 相比国4排放标准，国5排放标准中轻型车NO$_x$排放可降低25%，重型车NO$_x$排放可降低43%。其实施对于减少汽车尾气对环境的污染、改善空气质量、降低空气污染对人体健康的危害具有重要意义，同时也推动了汽车行业技术的进步和可持续发展。

（4）国6排放标准（国家第六阶段机动车污染物排放标准，它是我国目前最严格的机动车排放标准）。

2016年12月23日，环境保护部、国家质检总局发布了《轻型汽车污染物排放限值及测量方法（中国第六阶段）》；2018年6月22日，环境保护部和国家质检总局发布了《重型柴油车污染物排放限值及测量方法（中国第六阶段）》。

分步实施： 2020年7月1日起，全国实施轻型汽车国6a排放标准；2023年7月1日起，全国实施轻型汽车和重型柴油车国6b排放标准。

测试程序统一且严格： 测试程序采用全球轻型车统一测试程序，全面加严测试要求，引入实际行驶排放测试（RDE），有效减少了实验室认证排放与实际使用排放的差距。

强化蒸发排放控制： 采用燃料中立原则，全面强化对VOCs的排放控制，引入48h蒸发排放试验和加油过程VOCs排放试验，将蒸发排放控制水平提高到90%以上。

完善车辆诊断系统： 增加永久故障码存储要求和防篡改措施，有效防止车辆在使用过程中超标排放。

减排效果及意义： 与国5排放标准相比，重型车国6的NO$_x$和PM限值分别降低了77%和67%，汽油车的CO排放量降低了50%，总HC和非甲烷总烃排放限制下降了50%，NO$_x$排放限制加严了42%。

国6a标准： 自2020年7月1日起实施，要求汽油车每驾驶1km排放的CO不超700mg，非甲烷烃不超过60mg，NO$_x$不超过60mg，PM不超过4.5mg。

国6b标准： 自2023年7月1日实施，要求汽油车的CO排放量不超过500mg/km，非甲烷烃排放不超35mg/km，NO$_x$不超过35mg/km，PM不超过3mg/km。对于轻型汽油车的排放数据从国3到国6b具体数据见表2-2。

非甲烷氢NMHC： 非甲烷氢NMHC是指除甲烷以外的所有可挥发的HC。从化学结构来说，它包括烷烃、烯烃、炔烃、芳香烃等。比如乙烷、乙烯、乙炔、苯等都是非甲烷烃。在汽车尾气排放中，它是重要的污染物指标。因为这些物质在阳光照射等条件下，可与NO_x发生光化学反应，产生臭氧和过氧乙酰硝酸酯等污染物，形成光化学烟雾，危害人体健康和生态环境。

表2-2 排放数据

项目	HC	CO	NO_x	PM
国3限值	0.66g/km	2.1g/km	0.5g/km	0.1g/km
国4	非甲烷烃（NMHC）100mg/km	1000mg/km	80mg/km	25mg/km
国5	68mg/km	1000mg/km	60mg/km	4.5mg
国6a	68mg/km	700mg/km	60mg/km	4.5mg
6b	35mg/km	500mg/km	35mg/km	3mg/km

3　排放基础知识

■ 3.1　从大气成分到尾气成分

　　200多年前，人们发现大气中的主要成分是氧气（O_2）和氮气（N_2）。它们在空气中的成分比例见图3-1。

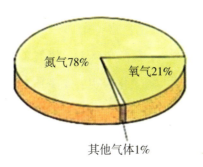

图3-1　空气成分示意图

　　但人们却不知道除了这两种气体外，空气中还有一些含量较少的气体。又过了100年，人们发现除了O_2和N_2以外，空气中还有1%的其他气体存在。大气中78%的成分是N_2，21%的是O_2，剩余1%的成分就比较多了，包括氦、氖、氩、氪、氙、氡等惰性气体（早期叫作稀有气体，后来人们发现它们的化学性质都比较稳定，所以改称惰性气体），以及CO_2和水蒸气等。

　　不知道是否与国家环境保护的治理有关，我感觉近几年空气质量确实好多了。到了冬天，出现雾霾的情况少多了，这是一种好现象，也证明了我国对环境的治理是有效的。

前几年，由于汽车的拥有量不断增加，城市中的汽车密度越来越高，再加工业锅炉的数量众多，确实引起了环境的恶化，导致出现了严重的雾霾天气。那么汽车尾气中到底有哪些气体是有害的，会对环境造成什么样的影响呢？我们可以参考下面的思维导图，见图3-2。

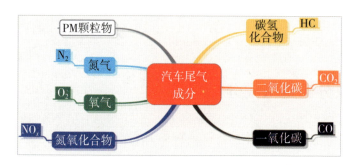

视频二维码

图3-2　汽车尾气成分思维导图

汽车尾气中的成分有碳氢化合物（HC）、二氧化碳（CO_2）、一氧化碳（CO）、氮氧化合物（NO_x）、氧气（O_2）、氮气（N_2）、PM。其中对环境和人体有害的气体是一氧化碳、碳氢化合物、氮氧化合物和PM颗粒物，剩下的几种气体是无害气体。

各种成分的成因如下。

（1）HC，主要是未经燃烧的汽油，以气体形式排放出来。

（2）CO_2，主要是燃油与空气中的氧气完全燃烧后生成二氧化碳，它是一种无毒气体。

（3）CO，主要是在缺氧条件下燃烧，生成一氧化碳，它是一种毒性较强的气体，会导致人窒息。

（4）NO_x是在高温、高压、富氧条件下生成的一种有毒气体。

（5）O_2是燃烧后剩余的气体，为无毒气体。

（6）大气中的N_2是无毒的，它从进气管进入发动机。N_2是比较稳定的气体，不参与燃烧直接排出，它是排气中含量最高的气体。

下面我们详细讲解部分气体的生成原因。

（1）氮氧化合物（NO_x）。

氮氧化合物（NO_x）思维导图见图3-3。

因为NO_x的成分包括NO和NO_2等，所以我们用NO_x来表示尾气中的氮氧化合物。NO_x的生成条件具体分析如下。

视频二维码

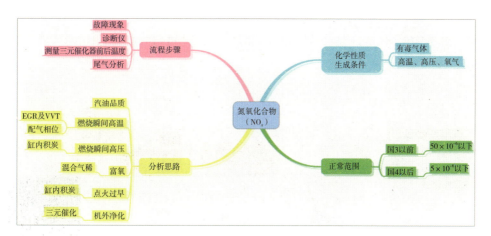

图3-3　氮氧化合物（NO_x）思维导图

高温条件：在燃烧过程中，如机动车发动机内燃油燃烧、工业锅炉中煤炭等燃料的燃烧，当温度较高时，空气中的N_2和O_2会发生反应生成NO_x。当温度低于1200℃时，生成的NO_x比较少；当温度超过1200℃时，产生的NO_x指数上升，所以控制燃烧温度是抑制NO_x生成的一个重要手段。

以汽车发动机为例，火花塞点火使燃油燃烧，燃烧室内温度快速升高，为NO_x的生成提供了高温环境。这里特别强调一下，高温指的不是发动机水温高，而是燃烧瞬间所产生的高温，但是水温过高是导致燃烧高温的一个因素。如果怀疑某车发动机排放的NO_x过高时，也可以通过降低水温或发动机缸盖温度的方法进行辅助试验，来排除其他不易调节的因素。

富氧环境：燃烧过程中充足的O_2有助于NO_x的生成。当O_2过量时，燃料中N_2与O_2发生反应。例如一些高效燃烧的工业炉窑，为了保证燃料充分燃烧会提供较多的O_2，这样的富氧条件增加了NO_x生成的可能性。

高压： 高压可以促进NO_x的生成。高压是指燃烧瞬间可燃混合气燃烧后形成驱动活塞运行的压力，而不是气缸压力。但是气缸内的压力也会导致压缩比升高，因为积炭占用了燃烧室的空间，形成了燃烧后的压力过高问题。

（2）碳氢化合物（HC）。

它是燃油由液态变成气态后的成分，是一种有味道的气体。其实我们平常闻到的汽油味就是HC的气味。当它的含量达到一定程度时，我们就会闻到汽油味。虽然HC没有毒，但对呼吸道有刺激性，长时间高浓度吸入HC对人有一定伤害。

碳氢化合物（HC）思维导图见图3-4。

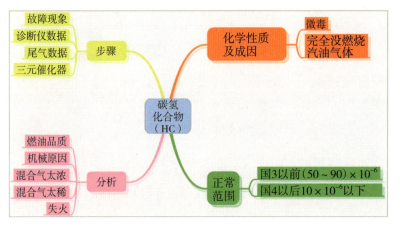

视频二维码

图3-4　碳氢化合物（HC）思维导图

除了NO_x和HC以外，汽车尾气中还有其他气体，我们会在后面的章节中继续讲解。

3.2　尾气成分曲线图分析

空气被吸入发动机进气管，汽油被喷射到发动机内、进气管（自然吸气）或气缸内部（缸内喷射），两者在进气管（自然吸气）或燃烧室内形成可燃混合气。在火花塞点火作用下，混合气被点燃，产生的高温高压气体由于体积膨胀而推动活塞做功。

做功后的气体由原来的燃油和空气经过燃烧后，变成了废气被排出。理想情况下，空气和燃油的质量比例被设计成14.7∶1，当燃油与空气充分混合、燃烧后生成CO_2和H_2O后被排出。

如果一切按设计方向燃烧，那将是一个完美的结果，我们也就不需要去研究排放问题了。发动机混合气燃烧的过程是一种快速的物理和化学变化过程。尾气排放成分曲线图见图3-5。

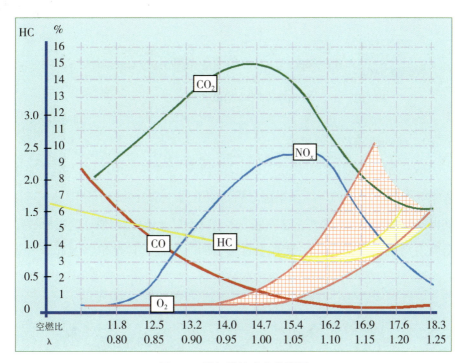

图3-5 尾气排放成分曲线图

在曲线图中，有5种尾气成分的排放曲线，其中绿色曲线为CO_2，蓝色曲线为NO_x，黄色为HC，深红色曲线为CO，浅红色曲线为O_2。

（1）CO生成原因及排放曲线规律。

它是一种有毒气体，当CO被吸入肺部后会进入血液，与红细胞争夺O_2，它的夺氧能力比红细胞更强，会导致体内缺氧，严重时会导致人窒息死亡。

从图3-5中可以看出，尾气排放规律是随着混合气浓度升高而增加，随着混合气变稀而减少，最高可达8%以上，最低接近0%。

一氧化碳（CO）思维导图见图3-6。

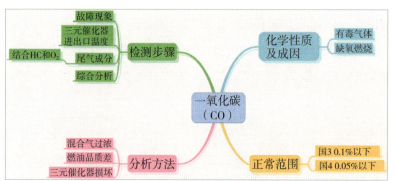

视频二维码

图3-6　一氧化碳（CO）思维导图

（2）O_2的成因及排放规律。

O_2是发动机排气中的成分之一，正常情况下它在排气中占1%左右，来源主要为空气中参与燃烧的O_2。在燃烧之后，仅有极少部分残留，这部分O_2可以在排气出口处被测量到。此外，这一部分O_2来源于三元催化器对NO_x的还原过程。

当发动机出现失火时，没有参与燃烧的O_2会被直接排出，引起氧含量上升，当混合气过稀时，也会有较多的O_2被排出。氧气（O_2）思维导图见图3-7。

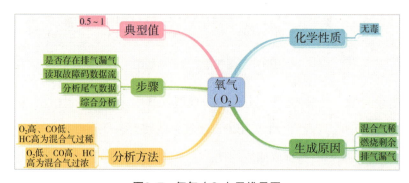

图3-7　氧气（O_2）思维导图

（3）CO_2的生成原因及排放规律。

当燃油完全燃烧后，会生成CO_2和H_2O。一台燃烧状况良好的发动机，其排气中的CO_2的含量在15%左右，与其他几项数据不同的是，唯有这个数据可以代表发动机整体燃烧的质量，并且数值越高越好（在三元催化器之前是越接近15%越好，在三元催化器之后要高于此数值）。二氧化碳（CO_2）思维导图见图3-8。

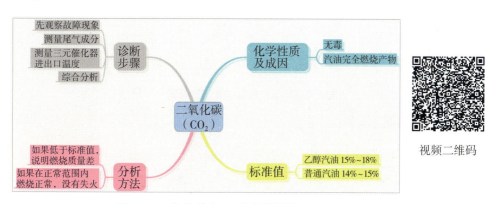

视频二维码

图3-8　二氧化碳（CO_2）思维导图

■ 3.3　发动机排放装置工作原理

随着国家环保要求的提高和发动机技术的不断进步，新型发动机都具有专门针对降低排放污染物的装置。发动机电控系统属于工业应用技术，当所有重要元件全部正常工作时，才有可能实现控制目标。当排放装置出现故障时，经监控系统发现后，启动备用系统，以保证整个系统正常工作，并且通过仪表点亮发动机故障灯，告知驾驶员尽快处理。这个监控程序也就是汽车的OBD功能。

在汽车的电控系统中，其可靠性是第一设计要求，当某个装置或系统失效时，首先要保证安全第一。对于这种设计思想的典型应用就是ABS防抱死控制系统。当ABS控制单元识别到故障时，会关闭ABS功能，但基本的制动功能不受影响，这种设计就是一种非常科学的设计。这里要表达的意思有两层：一是系统出现故障时，OBD系统可以监控到；二是让发动机可以运行基本的功能，保证车辆可以行驶到修理厂，尽量避免使用拖车。

发动机排放装置思维导图见图3-9。

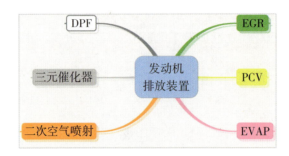

图3-9　发动机排放装置思维导图

（1）废气再循环（EGR）系统。

将少量燃烧后的废气（受电磁阀或真空阀控制）经过管路引入进气管，废气进入燃烧室后参与燃烧，因为废气中的成分不易燃烧，可以起到降低可燃混合气燃烧温度的作用，从而起到抑制NO_x生成的目的，该控制装置常出现在汽油发动机和柴油发动机中。

如果引入发动机进气的废气过多，燃烧质量会受到影响，严重时会出现怠速熄火等故障问题，所以一定要控制引入的废气量。另外，只有当发动机充分预热后，进入混合气闭环控制工况时EGR系统才参与工作。废气再循环仅仅在热车状态下的部分负荷工况中参与混合气调节工作。有些车辆的EGR阀配合有反馈型开度位置传感器。

EGR系统的监测： 发动机控制单元（ECU）输出打开EGR阀指令时监测进气量，因为有了废气的参与，实际进入发动机的进气量会减少，这是正常的。如果EGR阀打开后，没有监测到进气量减少，说明EGR系统存在故障，此时就会存储故障码，点亮故障灯。

我们需要注意的是，一些老车型有专门的EGR阀，而新型车辆往往没有EGR阀，废气再循环功能是由可变配相位控制系统完成的，也就是VVT控制系统。VVT控制系统通过控制排气门关闭时间，在进气冲程开始时晚关排气门，将少量废气吸入进气系统，使其参与燃烧来降低燃烧温度。这种方法的功能与EGR一样，可以有效降低氮氧化合物的排放。也就是说，配置了VVT的车辆就不用再安装EGR系统，因此可降低成本、简化设计、降低发动机的复杂性，同时降低了故障率。所以这两套装置一般不会同时出现。

（2）曲轴箱通风（PCV）系统。

正常工作的发动机，一部分燃烧过程中的高压气体会通过活塞环的间隙窜进曲轴箱，如果曲轴箱是密封的，此压力会不断积累，使曲轴箱内压力高于外部压力，导致曲轴前后油封漏油。如果将曲轴箱的废气直接排出发动机外，就会对环境造成污染。

发动机曲轴箱与气门室盖相互连通，在发动机气门室盖内部，滑润的机油不断飞溅，受高温烘烤引起机油蒸发，这些来自曲轴箱的废气和机油蒸气，通过PCV阀被引入进气管后，进入发动机进行燃烧，这样就减少了HC的排放。PCV阀的作用有两个：一个是控制曲轴箱压力；另一个是起到单向阀的作用，只允许气体往进气管方向流动，不允许其从进气管往曲轴箱方向流动，以避免进气管回火时，火花传播到气门室盖内部而引起爆炸。虽然这种气门室盖爆炸现象不常见，但我们是遇到过的。

我们常见的PCV阀都是机械式的，没有电子式的。此阀损坏会导致机油消耗量过大，有些车辆会出现怠速过高的问题。

通过上面的分析可知，曲轴箱内的废气成分包括燃烧后的废气，即CO、NO_x和HC等，主要成分是HC，其他成分比较少。所以PCV装置可以降低CO和HC的排放，因为它将这些废气引入进气管，再进入燃烧室后进行二次燃烧，使其变成无害气体CO_2和水蒸气排出。

（3）蒸发排放控制系统（EVAP）。

蒸发排放控制系统（EVAP）也叫活性炭蒸发控制系统（Evaporative Emission Control System），简称EVAP，主要作用是收集存储并控制燃油箱中的燃油蒸气，防止其被排放到大气中造成污染。

它一般由活性炭罐、炭碳罐电磁阀、通风管、燃油箱压力传感器等部件组成。工作时，利用活性炭的吸附作用，收集燃油箱内的燃油蒸气并将其储存在炭罐中，在合适的工况下，受活性炭电磁阀的控制后引入进气管，再进入燃烧室燃烧。这样可防止燃油蒸气被直接排放到大气中，造成对大气的污染。

OBD监测活性炭蒸发控制系统的方法：在发动机控制单元控制炭罐电磁阀接通后，应同时检测到进气量变小，混合气会产生变浓或变稀的变化，如果不符合以上规律，则判断该系统出现故障。

（4）二次空气喷射系统工作原理。

某些车辆拥有二次空气喷射系统，如在大众速腾、宝来和奔驰车上都可以看到二次空气喷射装置。在冷车启动着车后，由于燃油在低温下蒸发性变差，会导致排气中有较多的CO和HC成分。为降低这两种有害气体的排放，二次空气喷射装置将新鲜空气通过二次空气泵加压后喷入排气管，新鲜空气遇到发动机排出的CO和HC，会在排气高温下被点燃，这些有害成分在排气管中再次进行燃烧。这种燃烧会大幅度降低上述两种有害气体的排放量。同时，燃烧产生的高温会让三元催化器快速升温，尽快达到正常的工作温度，进一步实现对有害气体的催化作用，从而达到降低有害排放的目的。

二次空气喷射元件组成见图3-10。

OBD系统对二次空气喷射系统的监控：发动机控制单元发出指令，二次空气喷射泵工作时，会通过专门的电压和电流反馈信号线监视电压和电流。正常情况下，二次空气喷射泵的工作电流比较大，在20～40A之间。当监控系统监测

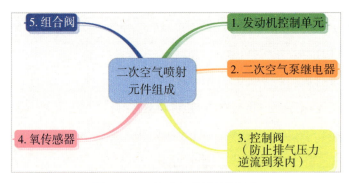

图3-10　二次空气喷射元件组成

到电压和电流不正常时，会存储相关故障码，并点亮故障灯，以提示驾驶员进行维修。

（5）三元催化器的工作原理。

三元催化器被安装在排气管内部。在其内部的蜂窝状陶瓷载体上涂有3种贵金属，分别为铂、铑和钯，它们可以将NO_x还原成N_2和O_2，N_2被直接排出排气管，O_2参与再次燃烧，把排出的CO和HC氧化成无害的CO_2和H_2O并排出排气管。

（6）GPF汽油颗粒物捕集。

GPF通常采用壁流式蜂窝陶瓷作为载体，形成蜂窝状结构，废气通过时，颗粒物被截留在滤芯表面。当GPF内颗粒物积累到一定程度，需要进行再生。常见方式是通过发动机控制策略，如推迟点火提前角，使未完全燃烧的燃油进入排气管，在GPF内燃烧提高温度，将捕集的颗粒物氧化成CO_2后排出。

GPF的作用是减少颗粒物排放，有效捕集燃油发动机尾气中未被三元催化器净化的固态含炭颗粒物，如炭烟、灰分等，使尾气中的颗粒物含量大幅降低，减少对大气环境的污染。它可以帮助燃油车满足日益严格的国6及后续排放标准，尤其是对颗粒物数量（PN）和质量（PM）的限值要求。

GPF对车辆性能也有一定影响。其可能使排气背压增加，导致发动机功率下降，油耗上升，尤其在颗粒捕捉器堵塞严重时，车辆动力性能会明显变差，如加速迟缓和油耗显著增加。

客户应对措施：使用符合标准的低灰分机油和高质量燃油，定期更换空气滤清器等部件；避免长时间低速、短途行驶，适当让车辆在高速或高负荷工况下行驶。上述措施有助于颗粒捕捉器的主动再生，减少堵塞风险。

3.4 空燃比与过量空气系数

大家对混合气的稀浓比较熟悉，理想的空燃比是14.7∶1，也就是14.7份的空气配上1份的汽油，在燃烧后会生成二氧化碳和水，此时既没有剩余的汽油排出，也没有剩余的氧气排出。这是在均匀混合的基础上实现的。

在发动机控制单元内部处理中，直接操作14.7∶1这一比例数据显得相当烦琐，工程师巧妙地采用了一个转换策略，将这个比例转化为一个更为便捷的数值形式，即过量空气系数。数据的处理是计算最擅长的事，所以就有了过量空气系数这个概念。过量空气系数是对空燃比的另一种表达方法。过量空气系数与空燃比的关系见表3-1。

表3-1　过量空气系数与空燃比的关系

过量空气系数	空燃比
0.4	5.88∶1
0.68	9.996∶1≈10∶1
0.88	12.936∶1
1	14.7∶1
1.11	16.317∶1
1.4	20.58∶1

理论上，能够被点燃的可燃混合气空燃比范围因燃料种类等因素而有所不同，以常见的汽油为例，其理论空燃比一般约为14.7∶1，实际能被点燃并维持燃烧的范围在10∶1～18∶1之间。

当混合气过浓时，燃烧不完全，会产生黑烟和积炭等问题，还会导致发动机功率下降和油耗增加。当混合气过稀时，会出现燃烧不稳定、发动机抖动甚至无法着火的情况。

如果混合气调节进一步恶化，空燃比达到5.88∶1以下，即过量空气系数在0.4以下时，将完全无法点燃；空燃比达到1.4以上，即空燃比为20.58∶1时，将会因为混合气过稀而无法点燃。窄带氧传感器和宽带氧传感器所能检测的范围，见图3-11。

从图3-11中可以看到，常见的窄带氧传感器（跃变型氧传感器）能检测的过量空气系数 λ 值在0.97～1.03之间。当信号电压为0.1V时，即混合气过稀，对应的过量空气系数就是1.03；当氧传感器信号电压为0.9V时，即过量空气系数为

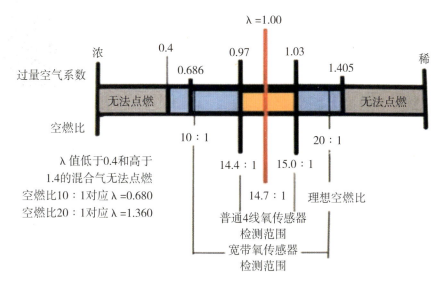

图3-11 检测范围

0.97，混合气为较浓的状态。超出此范围，窄带氧传感器将无法识别。

随着缸内喷射技术的出现，需要检测的混合气空燃比范围更宽了，这就需要使用宽带氧传感器才能满足设计需要。宽带氧传感器可以检测λ值的范围在0.686～1.405之间，即空燃比在9.87～20.5之间，所以也叫宽带氧传感器。

如果你需要对空燃比和过量空气系数进行换算，可以用以下方法来换算。过量空气系数λ与空燃比的计算方法如下。

①已知空燃比，求过量空气系数的方法：λ=当前空燃比/14.7。

②已知λ，求空燃比的方法：空燃比=λ×14.7。

③除了进行上述换算外，我们还可以通过查表法来确定大致的空燃比，见表3-2。

表3-2 空燃比与过量空气系数换算

空燃比	11.8	12.5	13.2	14.0	14.7	15.4	16.2	16.9	17.6	18.3
过量空气系数（λ）	0.80	0.85	0.90	0.95	1.00	1.05	1.10	1.15	1.20	1.25

总结：

通过本小节的讲解，我们知道了什么是过量空气系数——λ，原来过量空气系数就是表示混合气稀浓的另外一种方法，我们对混合气稀浓更习惯于用空燃比的概念来理解，而发动机控制单元内部用的是过量空气系数这个概念。

视频二维码

■ 3.5 氧传感器工作原理与故障诊断

氧传感器的作用：氧传感器的作用是测量排气中的氧气含量，将氧含量信号变成电压信号，该电压信号反馈送给发动机控制单元，发动机控制单元根据此信号进行混合气稀浓的修正调整，最终将空燃比控制在14.7∶1左右，以达到理想燃烧，降低排放的污染物含量的目标。

工作原理：氧传感器的尾部在大气端，头部在排气管内部。当它的温度达到300℃以上时，就会输出信号电压。氧传感器内部是一个陶瓷体加上一个能斯特电极，其探测端位于排气管内部，尾部有4条引线，并且与大气相通。当燃烧后的废气流经该传感器时，由于传感器头尾两端的氧含量不同，传感器就会像电池一样工作。

传感器通过导线输出一个信号电压。当信号电压低于0.45V时，说明混合气偏稀；当信号电压高于0.45V时，说明混合气偏浓。

该传感器从电路上看相当于一个电池，可以输出信号电压，类似于我们日常使用的干电池，只要我们为它提供温度条件，提供氧信号差异，它就会产生电压，这种现象也叫能斯特效应，所以我们把这种测量气体成分的方法叫作电化学法。

氧传感器的内部由两部分构成：一部分是加热器；另一部分是电化学电池。当传感器的头部与尾部氧含量有差别时，就会输出信号电压。这两个部分之间是相互绝缘的。

氧传感器导线功能思维导图见图3-12。

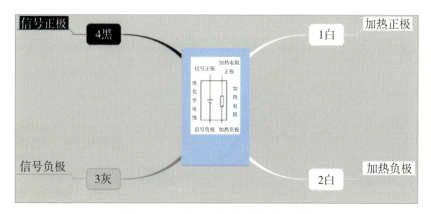

图3-12 氧传感器导线功能思维导图

使用万用表检测氧传感器的方法和步骤如下。

（1）在发动机室找到氧传感器插头，并拔下插头。

（2）参考图3-12，用万用表测量两根白色导线对应端子间的电阻，其值应在4～40Ω之间。

插上传感器插头，启动着车，用万用表测量3号引脚（灰线）和4号引脚（黑线）电压，黑表笔接灰线，红表笔接黑线，电压应该在0.1～0.9V之间不断变化。如果检测结果在上述范围内，说明氧传感器工作正常，发动机混合气调节处于闭环状态。

检测技巧：用数字万用表检测传感器信号线上的电压，记住万用表的正负极表笔要分别接到信号正极和负极，不要将万用表的负极随意接在一个搭铁点，然后观察传感器的信号电压。

用示波器检测氧传感器波形时应由两个人配合进行，一个人负责踩油门，另一个人负责观察示波器。用诊断仪也可快速检测氧传感器数据。

视频二维码

快速检测氧传感器思维导图见图3-13。

对于该传感器，我们要注意，它在冷态下是不工作的，要超过300℃以上才会正常工作，输出信号电压。

常见故障包括传感器内部断线、积炭污染损坏和受外力撞击变形损坏。从

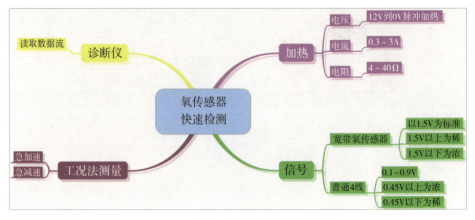

图3-13 快速检测氧传感器思维导图

电路特性上表现为信号电压变化幅度不足，或信号电压反应速度变慢等。

3.6 喷油器的清洗与检测

以前，我们都使用超声波喷油器清洗机来清洗喷油器，一般这个喷油器清洗机具有测试喷油量的功能。现在，我们怀疑喷油器有问题时，更喜欢使用化学清洗的方法，如向燃油箱内添加清洗剂，让发动机在工作过程中自己完成对喷油器的清洗。这种清洗方法的效果怎么样呢？下面我们通过尾气报告单数据（图3-14和图3-15）来研究一下这种清洗方法的效果。

从数据中可以看到，我们在车辆行驶到167356km时，给燃油箱内部添加了清洗剂，经过行驶一段时间后，在167715km时回厂再次做了检测，总得分由原来的81.17上升到了86.88分，说明排放污染物降低了。具体讲，高怠速时的NO_x和HC明显降低了。

客户反映，开车时感觉发动机噪音比原来低了，车辆开起来更轻快，比以前更有劲了。

该车是一辆行驶了约160000km的东风日产骊威轿车，上述结果说明日系车的排放是比较优秀的。在使用产品前，检测时的得分说明此车的燃烧质量很好，排放比较优秀。经过使用免拆清洗后，排放数据得到明显改善。更重要的

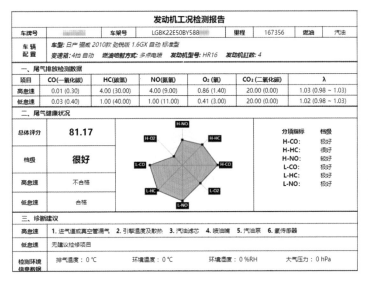

图3-14 清洗前数据

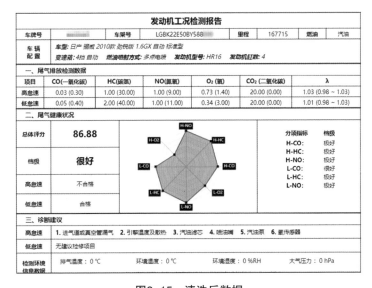

图3-15 清洗后数据

是，车的动力明显提升了，噪音也变低了，这证明保养喷油器和清洗缸内积炭的方法是有效的。

细心的读者还会发现，其实CO的值是轻微上升的，这个我们还没有找到答案，有待日后用更多的数据进行分析。

总结：

（1）这种利用化学添加剂免拆清洗喷油器的方法是有效的。

（2）该方法在清洗喷油器积炭的同时，还可清洗气缸内部活塞顶上的积炭，起到提高燃烧效率、降低排放污染物的效果。

（3）使用尾气分析仪以检测尾气和分析发动机燃烧质量是一种科学、简便的检测方法。传统的方法需要拆下喷油器进行清洗，虽然操作起来更直观，但操作过程复杂。与传统的方法相比，使用添加剂的方法更加省时、省力。

■ 3.7　三元催化器工作原理与诊断方法

三元催化器是排放系统中重要的装置，它的工作原理如下。

它的结构是由陶瓷载体组成，在上面涂有贵金属铂、铑和钯，在300~800℃之间的高温下产生化学催化作用。其内部有两种化学反应：一种是对NO_x的还原；另一种是对排气中的CO和HC的氧化。这样就能将汽车尾气中的CO、HC和NO_x等有害气体转化为无害的CO_2、H_2O和N_2。以下是其主要的化学方程式。

CO：$2CO+O_2 \xrightarrow{\text{催化剂}} 2CO_2$

HC的氧化：$C_xH_y+(x+\dfrac{y}{4})O_2 \xrightarrow{\text{催化剂}} xCO_2+\dfrac{y}{2}H_2O$

NO_x的还原：

以NO为例：$2NO+2CO \xrightarrow{\text{催化剂}} N_2+2CO_2$

在实际的三元催化反应中，催化剂通常是由铂、钯和铑等贵金属组成，它们能够降低反应的活化能，使这些反应在相对较低的温度下高效进行，从而有效净化汽车尾气。

三元催化器前后排放成分曲线图见图3-16。实线是三元催化器后端的排放数据，虚线是三元催化器前端的排放数据，我们可以看到经过三元催化器后，HC、CO和NO_x的排放明显下降。

检测三元催化器工作是否正常的常用方法如下。

方法1：可以用尾气分析仪测量三元催化器前后的尾气成分，判断三元催化

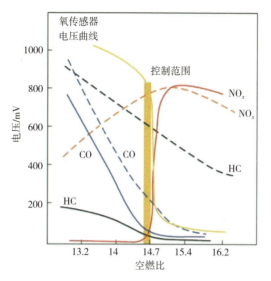

图3-16 三元催化器前后排放成分曲线图

器是否工作正常。下面以一辆长城风骏皮卡车测量到的三元催化器前后数据为例，见图3-17和图3-18。

两次检测都是断开前氧传感器插头测量得到的。第一次是将前氧传感器拧下来后，伸入尾气分析仪取样管测量到的；第二次是拧上前氧传感器但不插插头，从排气出口测量到的。两次检测中，3种有害气体明显降低了，说明三元催化器工作正常。

尾气排放检测数据						
项目	CO（一氧化碳）	HC（碳氢）	NO（氮氧）	O_2（氧）	CO_2（二氧化碳）	λ
高怠速	2.21（0.30）	102.10（30.00）	196.50（9.00）	2.76（1.40）	12.66（0.00）	1.05（0.98～1.03）
低怠速	0.71（0.40）	97.20（40.00）	72.00（11.00）	5.63（3.00）	11.37（0.00）	1.29（0.98～1.03）

图3-17 三元催化器前尾气成分

尾气排放检测数据						
项目	CO（一氧化碳）	HC（碳氢）	NO（氮氧）	O_2（氧）	CO_2（二氧化碳）	λ
高怠速	0.02（0.30）	16.60（30.00）	2.00（9.00）	2.55（1.40）	14.43（0.00）	1.12（0.98～1.03）
低怠速	0.02（0.40）	9.00（40.00）	3.20（11.00）	3.06（3.00）	14.03（0.00）	1.15（0.98～1.03）

图3-18 三元催化器后尾气成分

方法2：利用诊断仪读取前后氧传感器数据流（图3-19），判断三元催化器是否可以正常净化尾气。

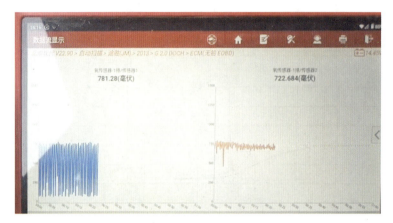

视频二维码

图3-19　前后氧传感器数据流

■ 3.8　DMTL系统工作原理与故障实例

DMTL（Diagnostic Module for Tank Leakage）是燃油蒸发泄漏诊断系统，该系统是在国6排放标准中对燃油蒸发排放控制系统（EVAP）升级后增加的一套装置，主要用于检测燃油系统的密封性，防止燃油蒸气泄漏到大气中。

国4排放标准（2011—2016年）和国5排放标准（2017—2019年）对燃油蒸发排放（HC蒸发量）提出了控制要求，但主要依赖机械式EVAP系统（如活性炭罐和单向阀等），并没有强制要求安装DMTL模块。部分高配车型提前引入DMTL技术，但非法规强制。

国6a排放标准（2020—2022年）：首次明确要求车辆配备燃油蒸发泄漏诊断系统（DMTL或类似模块），需实时监测燃油系统密封性（法规依据：GB 18352.6—2016）。

国6b排放标准（2023年起）：进一步强化要求，DMTL成为所有轻型汽油车的必装设施且检测精度更高（如需检测≥0.5mm孔径的泄漏）。

为什么国6排放标准强制要求DMTL？

国6排放标准对燃油蒸发排放限值（HC蒸发量）要求更严格（如国6排放标准限值为0.7g/次测试，国5排放标准为2g/次），需通过DMTL实时监测，确保系统无泄漏。OBD要求覆盖燃油蒸发系统，DMTL是满足OBD-Ⅱ诊断功能的核心部件。

国6排放标准参考了欧Ⅵ和美国EPA Tier3的严苛标准，DMTL作为成熟技术被纳入强制规范。国6车型若无DMTL，则无法通过车辆认证，直接影响生产和销售。

故障影响：若DMTL检测到泄漏（如油箱盖未拧紧），会触发故障灯（MIL），车辆无法通过年检（OBD检测环节）。

国6车辆若出现燃油系统泄漏故障码（如P0442和P0455），须优先检查DMTL系统及相关部件（油箱盖、炭罐和管路等）。当系统存在燃油蒸气泄漏，会存储故障码P0442（相当于约1L/h的燃油蒸气逸出）；在泄漏孔径为1.0mm以上时，会存储故障码P0455。

系统构成：该系统由电动泵、压力传感器、发动机控制单元和电磁阀组成。DMTL系统原理结构见图3-20。

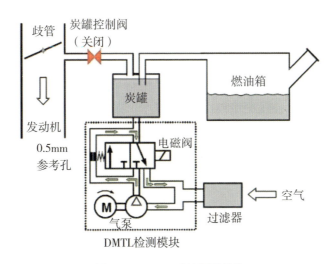

图3-20　DMTL系统原理结构

　　除了用压力传感器监测油箱系统的密封情况外，还有一种设计是利用电动泵工作电流的大小来判断燃油箱是否存在泄漏。基本原理是当电动泵给密封的燃油箱系统提供压力时，压力越大，阻碍电动泵工作的力量就越大，由此电动泵工作的电流也越大。我们可以通过测量电动泵的工作电流来判断燃油箱系统是否在规定的时间内达到了规定的压力，如果超过标准时间没有达到规定的压力，即判断为存在泄漏。大众奥迪车系都是采用这种设计方式，见图3-21。

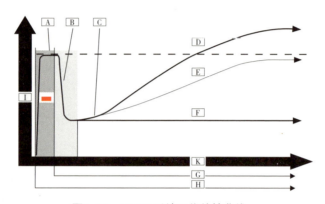

图3-21　DMTL系统工作特性曲线

A.电流稳定　B.电流降低　C.电流升高　D.未检测到泄漏　E.0.5mm泄漏
F.泄漏＞1.0mm　G.切换阀已通电　H.泵电机通电　I.电机电流压力　K.持续时间

　　当工作条件允许时，电磁阀负责切换管路，实现对整个蒸发排放系统的密封后（关闭炭罐电磁阀，给油箱内打压），泄漏检测泵开始工作。A阶段是电动泵转子克服惯性开始转动瞬间，电流上升到最大值。B阶段是转子开始转动后，已经克服惯性转动起来，所以电流减小。C阶段是从燃油箱无压力状态起始，逐步建立压力的过程。在这一阶段中，随着时间的推移会呈现3种可能性。

　　沿时间轴来到D是可能性1，来到E是可能性2，来到F是可能性3。曲线D代表标准时间，所有小于曲线D范围内的区域为不泄漏区域，检测结果为系统正常，无泄漏。在曲线D到曲线E之间的区域为轻微泄漏区域，即泄漏量相当于一个0.5～1mm直径小孔的泄漏量，系统会生成故障码P0442（轻微泄漏）。在曲线E和曲线F之间的泄漏量，相当于一个1mm以上的小孔的泄漏量，系统会生成故障码P0455（严重泄漏）。

故障实例：

车型： 2020年奥迪A3运动型轿车，配置CSS 1.4T直喷汽油发动机。

故障现象： 客户反映此车仪表上的发动机故障灯亮起。

故障诊断： 接车后，用诊断仪读取故障码，显示有一个故障码P0442，燃油蒸发系统存在微量泄漏。经过检查，发现燃油加油口盖处的密封胶圈存在老化现象，更换一个新的密封圈后，清除故障码，交车。经过1周的行驶，故障灯再次亮起。这次检查确认燃油箱盖拧紧正常，胶圈正常，怀疑是DMTL燃油箱泄漏诊断系统出现故障。

我们对相关的管路进行检查，没有发现问题，考虑可能是电动泵损坏。定购一个新的电动泵后，装车，再次清除故障码后，交车。经过3天的行驶，故障灯再次亮起。

用诊断仪读取故障码，仍旧是P0442，说明我们之前的维修没有找到故障点。用烟雾检测仪对相关管路进行检测，发现在发动机室炭罐阀的管路上有一个漏点，实际位置见图3-22。

此处为硬塑料管，检查发现其老化开裂，使用胶带包裹后，清除故障码，交车。经过几个月的使用，故障灯没有再次亮起，确认故障排除。

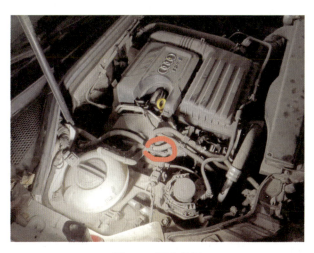

图3-22 漏点位置

类似的问题在上海大众途观车上也遇到过，其漏点位置同图3-22中的位置相同，由此可知该故障是此类型发动机的一个常见故障，具有一定的典型性。如果大家遇到此类故障可以借鉴此方法进行诊断。

总结：

一般来讲，DMTL系统常见故障现象有以下几种可能。

（1）燃油箱盖未拧紧：导致小泄漏，触发故障码。

（2）管路老化破裂：橡胶管龟裂引发泄漏。

（3）炭罐堵塞：影响系统压力平衡，导致误报。

3.9　如何利用数据流分析发动机燃烧质量

燃烧既是一个瞬息万变的化学反应过程，也是一个物理过程，合格的燃油是良好燃烧的基础。如果一台发动机的燃烧质量非常好，那么在燃烧过程中混合气调节质量与修正质量都会在一个比较小的范围内，再加上三元催化器的进一步净化，最终排出的各种有害气体才会是合格的。

利用上面的思路进行逆向分析，是否要从诊断仪的数据流中分析出发动机燃烧是否正常呢？诊断仪常用的功能有读取故障码和数据流。燃烧正常时是没有故障码的。数据流是动态显示发动机运行中的数据。当然可以利用数据流判断发动机燃烧控制是否正常，并且这是我们经常使用的一个比较方便且重要的诊断手段。汽车排放气体成分是多方面因素共同作用的结果，利用尾气分析仪是最直接的诊断排放质量的方法。如果尾气分析仪发现排放异常，查找异常原因时，就可以从数据流中观察到比较全面的信息。

读取数据流很容易，判断数据流是否正常就不那么容易了。一般我们需要有一个标准数据流做对比，以方便找到数据流中存在的问题。如何找到一个标准数据是个问题，这就要求我们养成收集整理标准数据流的习惯。如何正确收集数据流呢？下面从以下几点进行说明。

（1）正常运行的发动机数据流才有参考价值。首先判断被收集数据流的发动机运行是一个正常的状态，若车辆有故障，我们收集到的数据流是没有参考价值的。什么是工作正常的发动机呢？其一，没有故障码；其二，发动机运行状态稳定，长短修正量都在±5%以内。这样的发动机数据才有参考价格。

（2）有选择性的收集。不是发动机的每一项数据流都要收集，我们针对排放问题只收集相关的几个项目，如前后氧传感器数据、喷油脉宽、发动机水温、进气量、节气门开度、发动机负荷、进气压力，点火正时角、CVVT角度、蓄电池电压。

（3）工作条件。工作条件包括3项要求，分别为热车、怠速和无外在负荷。

热车：热车指的是要达到正常水温（90～105℃）以后，风扇运转一次以上，才算达到正常工作温度。根据上面的项目收集数据流数据，可以进入OBD菜单，也可以进入车型菜单读取数据流。

怠速：怠速指的是发动机怠速运转，不要踩加速踏板，此时发动机的燃烧是为了维持发动机怠速运转的摩擦力，在这个工况下采集数据更有参考性。

无外在负荷：比如方向盘回正，避免方向助力经发动机带来负荷，蓄电池电压为14V，处于充足电的状态，不开任何灯光及空调等用电设备。在这样的条件下，可以避免负荷增加对数据的影响，此时发动机运行的数据流才有参考价值。

以下是我们收集的部分车型的发动机数据流。

车型：2020年奥迪A4轿车，VIN为LFV3A28W6L3600XXX，发动机型号为DKU，功率为140kW，排量为2.0L，底盘为B9。

此车因为底盘故障来我厂维修，维修完毕后进行全车检查，发动机系统没有故障码，热车怠速稳定，方向盘居中，不开任何用电设备，收集与混合气相关的数据流，具体内容见图3-23和图3-24。

数据流可以作为诊断其他车辆与混合气相关故障时的参考。

数据流分析要点如下。

进气量数据与3个因素有关，分别为发动机转速、发动机排量和气缸充气效率。

在实际维修应用中，一般以热车后怠速进气量为参考，所以相对来讲，进

名称	值	单位
☑ 空气质量规定值 ✪	8.5	kg/h
☑ 怠速时气缸列1混合气形成长期匹配 ✪	-0.47	%
☑ 混合气形成长期匹配，FSI，加法 ✪	-0.47	%
☑ 混合气形成长期匹配，MPI，加法 ✪	-0.47	%
☑ 燃油高压，实际值 ✪	13.734	MPa
☑ 燃油高压，标准值 ✪	13.734	MPa

图3-23　数据流1

名称	值	单位
☑ 冷却液温度 ✪	82	℃
☑ 绝对进气压力 ✪	28	kPa
☑ 发动机转速 ✪	802	rpm
☑ 空气质量，实际值 ✪	2.41	g/s
☑ 气缸列1氧传感器，传感器2（双稳态传感器）-... ✪	0.73	V
☑ 气缸列1氧传感器，传感器2（双稳态传感器）-... ✪	99.2	%
☑ 气缸列1氧传感器传感器1电流（宽频带传感器... ✪	1.013	λ
☑ 气缸列1氧传感器传感器1电流（宽频带传感器... ✪	0.008	mA

图3-24　数据流2

气量仅仅与发动机转速和节气门开度两个数据相关。因为排量是固定不变的，所以不用考虑。一台工作良好的发动机，它在热车无负荷状态下的进气量是一个比较精确的参考值。我们可以利用这个参考值来分析故障发动机的故障方向——是空气流量传感器损坏，还是进气系统漏气。

　　其他的数据流（如喷油脉宽数据流和进气压力数据流等）也可以利用类似的方法进行对比后获得诊断信息。

视频二维码

4 排放超标的诊断与治理方案

4.1 CO和HC超标的治理

CO是缺氧燃烧的产物，HC是没有燃烧的汽油，当排气中的这两种成分超标，意味着混合气过浓。分析混合气过浓的原因时，可以从以下几方面着手。

（1）机械原因：汽油压力过高，活性炭电磁阀卡在常开位置，缸内喷射发动机存在高压泄漏，造成机油中含有过多的燃油，排气系统受阻，喷油器关闭不严，进气受阻。

（2）电控系统原因：水温传感器损坏，空气流量传感器损坏，喷油器驱动电路对地短路造成一直喷油，氧传感器损坏。

针对上述情况，可从以下几个方面进行检查和维修。

使用诊断仪读取故障码和数据流。如果有与混合气调节相关的故障码，可优先处理；如果数据流中有明显问题，也可以根据分析数据流结果进行相应的检查和维修。如果数据流与故障码都没有明显的问题指向，可以检查有无机械方面的问题，如检测汽油压力是否过高，还可以用尾气分析仪测量机油加注口处的HC含量，看其是否超过500×10^{-6}。

除了以上原因外，还有可能是由三元催化器故障引起的，所以要检查三元催化器是否堵塞或损坏，必要时应进行更换。

排查进气系统：空气滤清器堵塞或漏气会导致未经过滤的灰尘污染空气流量传感器，造成空气流量传感器损坏，引起混合气调节故障。这种情况会影响进气量，导致燃烧不充分。要检查空气滤清器并及时更换，同时对进气管道进行查漏和修复。

检查排气系统：如果排气系统堵塞，会导致排气受阻，尤其表现为在高转速下出现混合气过浓的情况，我们遇到过多起由三元催化器堵塞导致的混合过浓的情况。

积炭影响：在驾驶习惯方面，要避免长时间低速行驶。因为长时间低速行驶时，发动机处于低负荷状态，因燃烧效率低而产生较多的积炭，其沉积在活塞顶上，造成燃烧容积变小，进而引起压缩比过高，导致爆震。发动机控制单元收到爆震信号后，会推迟点火时间，造成燃烧不良，产生CO和HC。所以，应该尽量保持以经济时速行驶，使发动机在高效工况下工作。定期跑高速能让发动机在高转速下运转，有助于清除发动机缸内的积炭，改善燃烧状况，降低尾气中有害物质的含量。

油品质量：劣质燃油燃烧不完全，会产生更多的CO和HC。要选择信誉好的加油站，添加符合车辆要求标号的清洁燃油。

使用燃油添加剂：优质的燃油添加剂可以改善燃油的燃烧性能，帮助清除发动机积炭，提高燃油的燃烧效率，从而减少CO和HC的排放。

举例：某车在检车过程中出现排放超标的情况，车主至修理厂用尾气分析仪测量排气数据，测量结果见表4-1。

数据分析：高怠速时CO为4.96%、HC为130×10^{-6}，CO_2为11.04%（比较低），λ值为0.85，氧气比正常值低，对上述数据综合分析后，我们认为此车在高怠速下混合气严重偏浓。

怠速时数据：CO为3.05%，HC为180×10^{-6}（偏高），λ值为9.93，上述3个数据表明混合气也是严重偏浓。

用诊断仪进行检查发现，氧传感器信号电压始终在0.1V，确认氧传感器损坏，更换前氧传感器后清除故障码。再建立混合气自适应学习值，进行20km试车，回修理厂后再次检测尾气，数据参见表4-1中第3列内容。从维修后的数据看，混合气过浓问题已解决。

表4-1　测量结果

项目	维修前	换氧传感器后行驶20km
CO（%）	4.96	0.01
HC（10^{-6}）	130	26.70
NO（10^{-6}）	1.00	96.80
O_2（%）	0.02	0.77
CO_2（%）	11.04	13.99
λ	0.85	1.03
CO（%）	3.05	0.03
HC（10^{-6}）	180.8	15.90
NO（10^{-6}）	1.00	51.20
O_2（%）	0.73	1.38
CO_2（%）	11.86	13.46
λ	0.93	1.07

　　本案例中，由于氧传感器失效会使发动机无法准确控制空燃比，导致混合气过浓，引起排放超标故障。用诊断仪读取故障码，发现故障原因是氧传感器损坏，更换氧传感器后混合气过浓的故障被排除。

4.2　NO_x、O_2和λ超标的治理

　　如果排气中的氧气含量过多，有两种可能：一种是混合气过稀；另一种是排气存在漏气情况，一部分外部空气进入排气管，被氧传感器测量到了。

　　如果排气中NO_x过多，可以从它的成分条件中进行逆向分析，围绕NO_x生成3要素（高温、高压和混合气稀）进行针对性检查。

　　这里的高温指的是燃烧瞬间产生的高温，有数据表明，NO_x在超过1200℃时产生的量呈指数上升，而在1200℃以下，产生的量则很少；高压是指混合气燃

烧瞬间产生的压力，它也是促进NO_x生成的要素之一；当有剩余O_2时，才会产生NO_x，所以混合气偏浓时，NO_x产生的量很少。

λ是过量空气系数，它的数据低于1表示混合气过浓，高于1表示混合气过稀。尾气分析仪上显示的λ是通过发动机多个气缸排出气体中O_2、HC和NO_x计算出来的。所以我们要注意，它与真实的可燃混合气的稀浓是不完全一样的，只有在所有气缸正常燃烧后且排气系统不存在漏气时，才与真实的空燃比相关。

我们通过以下案例来学习一下如何分析排气中的NO、O_2和λ值超标问题。图4-1为某款尾气成分分析软件测量到的报告单。

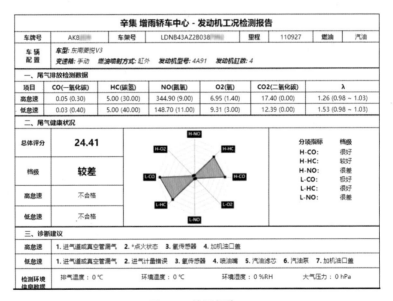

图4-1 检测报告1

此车的故障现象是发动机抖动，仪表上的发动机故障灯点亮。用手感受排气管吹出的气体，明显有固定节奏的吹手感觉，初步判断此车存在"缺缸"故障。

用诊断仪读取故障码，具体内容见图4-2。

拆下发动机上罩后，检查发现4缸点火线圈插头脱落。维修人员与客户沟通了解到，此车在不久前更换过火花塞，分析可能是更换火花塞时，没有将点火线圈插头插到位。将插头插到位并清除故障码后，重新启动着车，再次观察，排气气流无有节奏的吹手感觉，发动机工作平稳。再次测量排气成分，具体内容见图4–3。

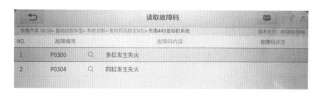

图4–2　故障码

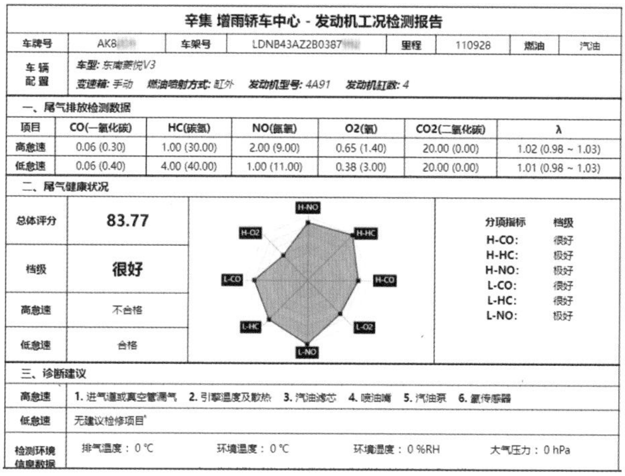

辛集 增雨轿车中心 - 发动机工况检测报告

车牌号	AK8	车架号	LDNB43AZ2B0387	里程	110928	燃油	汽油

车辆配置：*车型: 东南菱悦V3*　*变速箱: 手动　燃油喷射方式: 缸外　发动机型号: 4A91　发动机缸数: 4*

一、尾气排放检测数据

项目	CO(一氧化碳)	HC(碳氢)	NO(氮氧)	O2(氧)	CO2(二氧化碳)	λ
高怠速	0.06 (0.30)	1.00 (30.00)	2.00 (9.00)	0.65 (1.40)	20.00 (0.00)	1.02 (0.98 ~ 1.03)
低怠速	0.06 (0.40)	4.00 (40.00)	1.00 (11.00)	0.38 (3.00)	20.00 (0.00)	1.01 (0.98 ~ 1.03)

二、尾气健康状况

总体评分	83.77
档级	很好
高怠速	不合格
低怠速	合格

分项指标	档级
H-CO:	很好
H-HC:	极好
H-NO:	极好
L-CO:	很好
L-HC:	很好
L-NO:	极好

三、诊断建议

高怠速	1. 进气道或真空管漏气　2. 引擎温度及散热　3. 汽油滤芯　4. 喷油嘴　5. 汽油泵　6. 氧传感器
低怠速	无建议检修项目
检测环境信息数据	排气温度：0 ℃　环境温度：0 ℃　环境湿度：0 %RH　大气压力：0 hPa

图4–3　检测报告2

通过图表可以看出来，在维修前后各成分的变化如下。

（1）NO_x在高怠速工况下从维修前的344.9×10^{-6}变成维修后的2.0×10^{-6}，在怠速工况下由148.7×10^{-6}变成1.0×10^{-6}，数值明显降低。

（2）O_2在高怠速工况下从6.95%变成0.65%，在怠速工况下由9.31%变成0.38%，变化明显。

（3）λ在高怠速工况下从1.26变成1.02，在怠速工况下由1.53变成1.01，变化明显。

以上变化说明在维修后，尾气成分由异常变为正常。维修成功排除了故障，并且提高了发动机的燃烧效率。

总结：

（1）我们看到尾气成分时能感觉出数据异常。有时仅从尾气成分上看，可能会认为是混合气偏稀，因为O_2太多，λ表明混合气稀。如果结合故障现象，再结合诊断仪读取到的故障码与数据流，然后综合分析，诊断就变得简单了。

（2）因为我们测量的尾气数据是4个气缸排出气体的平均结果，所以单个气缸不工作时，它排出的氧气会导致尾气成分整体平均值升高。考虑到这个因素，我们就会发现这时的λ也是通过O_2、HC和CO计算出来的，所以就会给出混合气过稀的指示。实际上，其他3个气缸工作基本正常，这3个正常气缸的混合气浓度是正常的，是可以做功的。

（3）NO_x为什么增多？这可能是由以下2种原因造成的：一是因为4缸不做功，它在每次的排气冲程中排出的空气（因为发动机控制单元发现此缸不做功后已经切断喷油）冷却了三元催化器，造成其工作温度不够，无法催化其他3个气缸排出的氮氧化合物；二是由于4缸不工作导致发动机点火正时无法精准调节，使燃烧出现异常，产生较多的NO_x。以上只是我个人的猜想，没有加以验证。

（4）遇到尾气成分异常案例时，一定要首先结合故障现象进行分析，然后再结合诊断仪读取的故障码与数据流，在此基础上再去分析尾气成分，这样才能准确诊断出故障所在。

（5）国4排放标准的车型中，如果OBD系统监测到某个气缸失火，也就是该气缸不做功了，就会主动切断此气缸的喷油，避免因过多的排放物排出而污染环境，同时避免因未燃烧的汽油在排气管内部再次燃烧而烧坏三元催化器。

■ 4.3 汽车尾气中NO_x超标的治理

汽车尾气中NO_x超标，而CO和HC排放成分含量较低时，可以分两个方面查找原因：一是燃烧过程中产生了过多的NO_x；二是三元催化器损坏，不能有效完成对NO_x的分解。

诊断方向：根据分析，如果发动机燃烧过程中产生了过多的NO_x，那么仅凭三元催化器的催化能力是无法将NO_x降到正常范围的。具体操作时，可以从维修保养、驾驶习惯、油品选择等方面入手，相关的思维导图见图4-4。

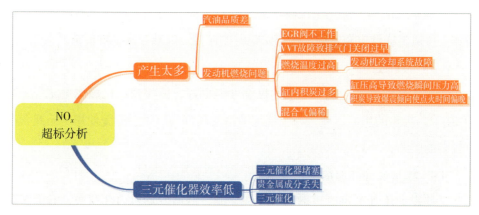

图4-4　NO_x超标分析思维导图

根据思维导图，具体操作时可以从以下几个方面着手。

（1）维修与保养。

检修废气再循环（EGR）系统：EGR系统能将部分废气引入进气歧管，降低燃烧温度，减少NO_x生成。该系统故障会引起NO_x排放增加。具体检查位置包括检查EGR阀、管路和传感器等部件，发现问题后应进行修复或更换故障部件。

检测发动机积炭：例如缸内积炭过多会占用燃烧室的容积，使缸压过高而引起爆震倾向，使点火时间过晚，燃烧温度升高，导致NO_x排放成分超标，这种情况清洗缸内积炭即可解决。

检修机械故障：应使用专业设备检测发动机的缸压和漏气量等参数。根据检测结果进行维修，若活塞环磨损和气门密封不严，应更换活塞环和研磨气门等。

（2）驾驶习惯。

避免急加速和急制动，因为急加速时发动机需大量燃油，会使燃烧温度迅速升高，产生更多NO_x；急制动则使发动机处于不稳定工作状态，会增加污染物排放。平稳加速和减速有利于发动机工作状态的稳定，减少NO_x的生成。

减少怠速时间：汽车怠速时，发动机燃烧不充分，氮氧化合物排放相对较高。停车时间较长时，可考虑关闭发动机以降低尾气排放。

合理使用空调：空调系统会增加发动机负荷，使燃油消耗量和尾气排放量增加。可适当降低空调使用频率或调整温度设置，以减轻发动机负担。

（3）油品选择。

使用高品质燃油：优质燃油的燃烧性能更好，能使发动机燃烧更充分，减少NO_x等污染物的生成。应选择正规加油站的高标号燃油，避免使用劣质或含杂质较多的燃油。

（4）添加燃油添加剂。

某些燃油添加剂可改善燃油的燃烧性能，清洁发动机内部积炭，有助于降低氮氧化合物的排放。但要选择质量可靠、有相关认证的添加剂，并按说明书正确使用。

（5）三元催化器。

三元催化器损坏也可导致氮氧化合物的排放超标。

我们可以从下面的案例中获得一些启发。

相关案例：某学员打电话请我们指导维修一辆本田歌诗图，发动机排量为2.4L，故障是排放超标。因为此车故障码为"P0420三元催化器效率低"，所以客户自己购买了一个三元催化器，请修理厂帮忙更换了，但故障并没有排除。我们对尾气进行了检测，排气管出口测量到的尾气排放成分见图4-5。

尾气数据很有特点，除了NO_x排放高以外，其他各种气体都正常且CO和HC都是0。此车的混合气调节正常，燃烧质量较好，可能是某种原因导致产生了过多的NO_x，或是因三元催化器损坏而导致无法有效催化排气中的NO_x。

如何区分这两种情况呢？我们指导学员拔下前氧传感器插头，拆下前氧传感器后，将尾气分析仪取样管插入前氧传感器的安装孔，然后启动着车，检测此处未经三元催化器处理的尾气成分。实际检测结果见图4-6。从测量结果上看，图4-5和图4-6中的数据几乎没有明显变化，说明此车的三元催化器没有起

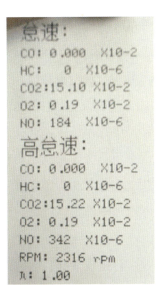

图4-5 尾气成分1

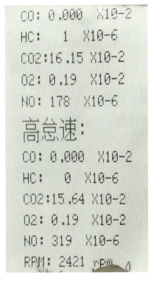

图4-6 尾气成分2

到催化作用。

我们与客户沟通后，再次更换了三元催化器，测量排气成分见图4-7。

通过以上的检测结果可以看到，排气中的NO_x已经降到了20×10^{-6}，并且在高怠速和怠速情况下都是20×10^{-6}，这是一个比较低且符合其排放标准的数据，NO_x排放超标问题得到了解决。

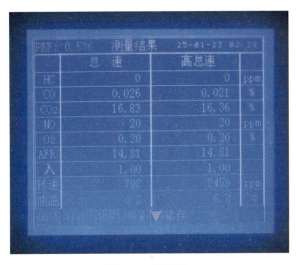

图4-7 尾气成分3

■ 4.4　进气/排气系统泄漏对混合气的影响

汽车发动机的进气/排气系统一旦出现漏气情况，会对混合气调节产生显著影响，具体表现因系统类型而异。

进气系统漏气：在仅安装进气压力传感器型电控系统中，此类系统发生轻微漏气时，进气歧管内部真空度会较正常工况有所下降。进气压力传感器捕捉到这一变化后，会误将其判定为负荷增加，因此向发动机控制单元（ECU）传送相应信号。ECU基于该信号，会指令喷油器增加喷油量以维持理论混合比，这通常会导致发动机怠速升高。

在仅安装空气流量传感器的电控系统中，一旦出现漏气，会有部分空气未经空气流量传感器计量而直接进入进气管。然而，喷油器的喷油量是依据空气流量传感器所检测到的空气量来精确调配的。如此一来，实际进入气缸参与燃烧的空气量大于流量传感器所计量的数值，造成油气比例失衡，呈现出油少气多的状态，最终导致混合气过稀。

排气系统漏气：排气系统漏气的情况还需要根据漏气部位进行进一步区分。若排气系统在排气管前端、氧传感器之前的位置发生漏气，外界空气会趁机进入排气管。氧传感器在监测排气含氧量时，会因额外进入的空气中所含的O_2而误判为混合气过稀，并迅速传递给ECU。ECU接收信号后，会即刻指令喷油器加大喷油量，试图使混合气浓度恢复正常。这种反馈与执行动作是连续循环进行的，最终导致混合气过浓。

进气排气系统漏气故障的检查方法：目前比较有效的检查方法是利用烟雾检漏仪进行检漏。由设备产生的烟雾加压后进入进气管或排气管，烟雾会从漏气部位排气，这样比较容易看到真空泄漏的部位。在实际工作中，情况往往比较复杂，有时会出现偶发性泄漏，比如在冷车时出现泄漏，热车后恢复正常。

下面我们来看一个案例。

2011年途观冷车行车时抖动

车型：2011年上汽大众途观，配置EA888发动机和自动变速器。

故障现象： 冷车着车后，发动机抖动明显，热车后基本正常。

故障诊断： 用诊断仪读取故障码，显示有4个气缸失火的记录。

试车后，我们发现在急加速瞬间有偶发性冲击，此时，观察数据流中的失火记录，失火次数为0，估计可能是在加速状态不识别。试车时能感觉到明显的冲击，正常行驶没有问题。我们试着更换4个点火线圈和火花塞，热车的偶发冲击消失。

第2天，客户再次来维修，反馈说冷车仍有明显的冲击感。我们再次检测故障码，这次报的是1缸和4缸有失火记录。再次试车，没有发现故障现象。看来问题只发生在冷车状态。与客户沟通后，将车辆停放在修理厂，等车辆完全冷却后再检查。

第3天早起，因怀疑是由气门杆有胶质引起的没有缸压，我们用缸压表测试缸压，1缸750kPa、2缸700kPa、3缸700kPa、4缸700kPa，没有发现无缸压的气缸。为了进一步确定故障原因，用示波器配合专用压力传感器测试启动瞬间的进气管负压，波形见图4-8。

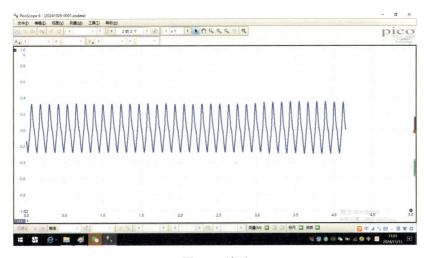

图4-8 波形

通过波形可以看出，各个气缸形成的真空波动是均匀的、正常的，没有进气门关闭不严的情况出现，可以彻底排除因气门卡滞而导致的缺缸问题，看来问题还是出在混合气调节方面。

查看数据流，我们发现热车后在怠速状态下，进气量为3.0g/s，怀疑是空气流量传感器损坏引起的故障，于是更换了一个新空气流量传感器。经过试验，更换后没有效果。

接着检查漏气，我们用烟雾检漏计进行检查，发现在进气管左下方有烟雾漏出。热车后，进气管翻板轴有烟漏出。将车辆举升起来后观察进气管下方，没有发现与进气连接的其他元件有问题，只有进气管与缸盖密封处漏气可能性较大，于是我们决定拆检进气管。

拆下进气管后，检查发现进气管胶圈明显缺损，有烟雾漏出的位置胶圈没有弹性，这可能是导致漏气的原因。实际情况见图4-9。

图4-9　漏气位置

因翻板轴有漏烟，与客户沟通后，决定更换进气管总成。同时，我们观察到进气门杆部有较多积炭，清洗积炭后再清洗节气门，更换喷油器胶圈后装复交车。

第2天回访，冷车恢复正常，确认故障排除。

总结：

（1）此车冷车抖动是由进气管漏气导致的，漏气导致空气流量传感器测量到的进气量偏小，ECU计算出的喷油量偏少，进而引起混合气偏稀，形成冷车抖动故障。因为热胀冷缩的原因，进气管处的胶圈在冷车时漏气严重，形成发动机抖动故障。

（2）因为热车后漏气量变小，怠速的进气量为3.0g/s，与正常车辆相当，自然没有故障表现，所以利用数据流分析故障时要注意，当故障出现瞬间的数据流才有参考意义。冷车是一个不稳定的状态，我们收集的数据流都是热车状态下的数据流，所以对于此车故障还要根据故障现象进行分析。

（3）此车故障在其他修理厂维修了将近1年的时间，说明维修有一定难度。其难度在于故障是偶发的，并且故障码不显示混合气调节方面的问题，只显示缺火的故障码。此车试车时，我们发现试车过程中出现明显抖动时，往往发生在加速瞬间，而此时发动机数据流中，并不提供断火监测，均速行驶时诊断仪提供断火检测，但此时故障现象不出现了。发动机数据流中的失火记录也利用不上，这样就造成了故障诊断起来有一定难度。

（4）检测了缸压，各缸压力相对压差不超过200kPa，说明故障不是缸压引起的。最终用烟雾检漏计进行了漏气检测才发现了问题。烟雾检测计我们已经使用了三四年，在诊断疑难故障中的漏气故障时，帮我解决了不少难题。这种设备是检测进气和排气系统漏气的利器，可以大大提高诊断工作的效率和准确性。

■ 4.5　红外线测温仪使用要点

在维修排放故障时，我们经常用红外线测温仪测量三元催化器的温度，以此判断三元催化器是否工作正常。

根据三元催化器的工作原理我们知道，当三元催化器正常工作时，其让CO和HC在排气管中再次氧化燃烧，所以出口温度比进口温度高。根据实践经验，正常情况下，这个温度差在30~50℃之间，而损坏了的三元催化器已经不具备催化的作用了，所以它的出口温度要比进口温度低或相等。

在给学员做现场培训时，有的学员认为使用红外线测温仪容易产生误差，不能准确测量出温度。结合自己的使用经验，我认为这可能是学员操作问题，在操作时要注意以下细节，才能保证测量的准确性。

（1）预热三元催化器。

发动机水温正常后，提高转速至2000r/min，持续3~5min预热三元催化器，因为三元催化器要在300～800℃之间才能正常催化排放气体中的有害气体。

（2）垂直于被测量表面。

将红外线测温仪射出的引导光垂直于三元催化器（图4-10）的进口和出口。

图4-10　三元催化器

（3）保持距离一致。

测温仪离三元催器的距离，在进口端与出口端应保持距离一致，这样才能保证两次检测的条件相同，以此保证判断结果的准确性。

（4）扫描检测。

读数时轻微晃动光点，同时观察测温仪读数，这时我们会看到显示的温度会不断变化，我们应将记录的最大值作为测量值。因为操作造成的误差只会使测量到的结果偏小，不会偏高。

这样操作才能达到仪器的测量精度。再次强调一下，发动机水温要达到90℃左右，并且踩加速踏板提升转速至2000r/min，持续3min以上，再用红外线测量温仪检测，如果符合出口温度比进口温度高30～50℃这个规律，表明三元催化器工作正常，如果不符合这个规律，表明三元催化器可能已经损坏。

我们还可以结合诊断仪读取数据流的方法来确定它是否损坏，或者用尾气分析仪测量三元催化器前后的尾气成分，对比数据确认三元催化器是否正常工作。

■ 4.6　示波器数学通道、气缸压力测试和进排气脉动测试

以前我们了解发动机是否产生了失火故障，一般有两种方法：一种是用诊断仪读取故障码（常见），看是否有失火的故障码；另一种是通过手摸排气

管，看是否存在规律地吹手排气，如果是则判断固定气缸失火，如果存在不规律的吹手排气，则是混合气调节不良导致的燃烧不稳定、不规则的失火。

还有一种更精准、更科学的诊断是否发生失火的方法，就是用示波器测量曲轴位置传感器的波形，再利用示波器的数学通道功能，通过复杂的数据运算找到每次点火之后的曲轴转速的加速度。

什么是数学通道呢？

汽车示波器的数学通道是指通过对采集到的原始信号进行数学运算，从而得到更有价值的信息和分析结果的功能。

以下是汽车示波器数学通道功能的一些常见应用。

（1）基本运算：它包括加、减、乘、除等运算。通过这些运算，可以对两个或多个通道的信号进行处理，以得到它们之间的关系或差异。例如，在测量发动机的进气流量和喷油脉宽时，可以使用数学通道将进气流量信号除以喷油脉宽信号，得到空燃比的数值。

（2）快速傅立叶变换（FFT）：FFT是一种将时域信号转换为频域信号的数学算法。通过对采集到的信号进行FFT运算，可以得到信号的频谱图，从而分析信号的频率成分和能量分布。例如，在测量发动机的振动信号时，可以使用FFT运算将振动信号转换为频域信号，以确定发动机的振动频率和振动源。

（3）积分和微分运算：积分和微分运算是数学分析中的基本运算。通过对采集到的信号进行积分或微分运算，可以得到信号的变化率或累积量。例如，在测量发动机的转速信号时，可以使用积分运算将转速信号转换为发动机的转角信号，以确定发动机的工作状态。图4-11是利用曲轴位置传感器波形，再次经过数学通道的运算得到的每次点火做功后的曲轴转速加速度波形。

（4）统计分析运算：对采集到的信号进行统计分析的数学方法。通过对采集到的信号进行统计分析运算，可以得到信号的均值、方差、最大值和最小值等统计参数，从而评估信号的稳定性和可靠性。例如，在测量发动机的燃油压力信号时，可以使用统计分析运算对燃油压力信号进行分析，以确定燃油系统的工作状态。

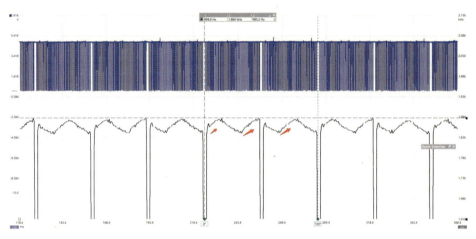

图4-11　曲轴转速加速度波形

　　测量气缸压力时常用的工具是气缸压力表，这种测量方法存在一个问题，就是测量到的是最高压力，并且存在比较大的误差，一般轻微故障不容易被准确检测。目前笔者了解到的更科学的测量气缸压力的方法是用示波器测量气缸压力。

　　用示波器配合气缸压力传感器可以测量气缸压力，并且这种测量方法可以从波形中了解到配气相位，更准确地表明发动机机械配气系统是否工作正常，点火时刻是否准确。示波器测量到的气缸压力波形见图4-12。

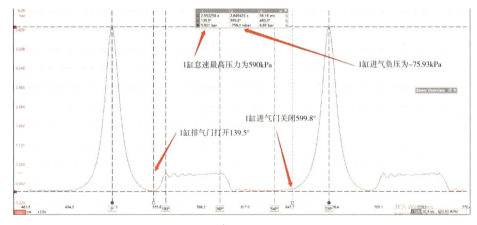

图4-12　气缸压力波形

（5）进排气脉动压力波形测试：用专用的传感器配合示波器，可以帮我们了解进气门和排气门是否存在关闭不严的问题，还可以了解活塞环与缸筒之间是否存在密封不良问题。并且这种方法最大的优点就是不用拆开发动机。

除了测量气缸压力外，还可以通过测量进气压力波形、排气压力波形和曲轴箱压力波形，判断进气门、排气门的密封性以及活塞环与缸筒之间的密封性，并且这种检测的优点也是不用进行机械拆检就能做到。某宝马车的排气脉动测试波形见图4-13。

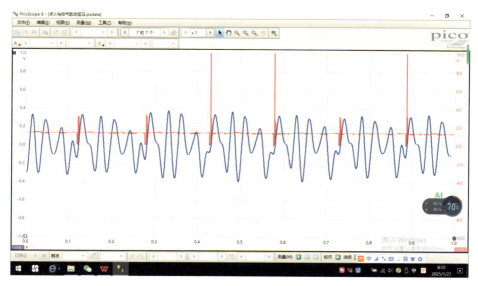

图4-13　排气脉动测试波形

总结：

（1）示波器的数学通道功能是示波器的一种新功能，示波器的软件对测量到的波形进行二次加工，实现对波形分析。例如发动机点火做功后曲轴的加速度是隐含在曲轴转速信号中的一个信息，通过软件"加工"——数学计算后，可以让我们更清晰地看到加速度是否正常，从而逆向分析出该缸是否正常做功。

（2）用示波器测量气缸压力，可以准确反映出配气相位和点火时刻是否正确，非常科学。相比气缸压力表，其测量结果更精确，可以了解更多机械压缩方面的问题，而且不用拆检。

（3）进排气压力脉动测试可以让我们快速了解进气门、排气门是否关闭不严，活塞环与缸筒之间是否密封良好。其优点是直观准确，并且不用拆检就能做到。

4.7　汽车故障诊断仪新功能解析

随着诊断仪的不断更新，综合型的诊断仪也出现了一些好用的新功能。以下是关于诊断仪的几种新功能。

（1）在修理厂就可生成OBD诊断报告，帮客户提前进行预检。

你是否想过有一天能为客户提供类似检测站专用软件的服务？我们使用的综合型汽车故障诊断仪就能做到！通过"生成OBD诊断报告"功能，可为客户车辆在年检前进行预检，提前处理潜在问题，大大提高车辆一次上线检车的成功率。

我使用的是道通906综合车型诊断仪，它的车型菜单页面左上角有一个OBD或EOBD菜单，点此菜单进入后，选择生成诊断报告，就可以生成OBD诊断报告（图4-14）。

综合型修理厂可以利用这个报告与客户沟通需要维修的项目。维修完成后，可以将其作为维修成功的凭证呈现给客户。

（2）诊断报告存储，攻克疑难故障。

我们在日常维修工作中，有时会遇到一些疑难故障，如出现过多的故障码让人无从下手，但还不敢清除，因为诊断过程中还要参考某些故障码。以前遇到这种情况，我们最早是用纸和笔进行记录，随着车上越来越多的控制模块和越来越多需要记录的数据，我们改用手机拍照记录，但还是不太方便。

现在，朗仁H6诊断仪有了一个"诊断报告"存储功能，可轻松解决上述这些问题。该功能生成的报告包含车型信息、控制单元详情和故障码内容等。生成的报告可直接存储在诊断仪中，可随时调取查看，比传统的手机拍照和笔记

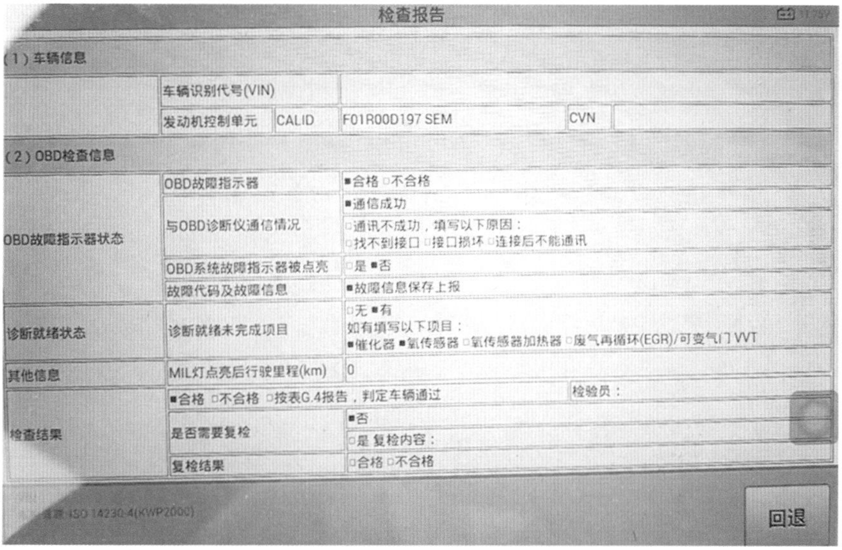

图4-14 诊断报告

记录更便捷高效，为故障分析、研究和记录提供了极大便利。具体的使用方法也很简单，在进行全车扫描后，它会出现一个菜单，如果有必要，我们可以选择生成诊断报告，按设备提示一步一步操作即可完成。

有了这个功能，随时调取车辆初始的故障码，可以方便我们在维修过程中进行分析。

（3）数据流中数据波形化。

示波器和数字万用表有何区别？数字万用表能精确显示当前电压，而示波器能连续记录电压变化。就像我们用诊断仪读取氧传感器电压时，正常情况下，前氧传感器电压在0.1～0.9V间不断变化，后氧传感器在0.7V左右不变或轻微波动，这是三元催化器正常工作的表现。通过将诊断仪数据转化为波形，即"数据波形化"功能，我们能直观判断三元催化器是否正常。图4-15为使用道通906诊断仪测量到的某车前氧传感器和后氧传感器的数据流波形。

若三元催化器损坏，前氧传感器和后氧传感器信号的电压变化频率一致。利用这种方法可以方便、快捷地判断出三元催化器是否工作正常。

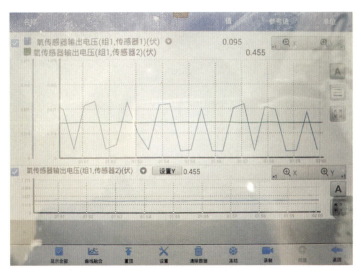

图4-15 数据流波形

（4）网络拓扑图。

随着汽车技术的发展，车上控制单元增多，控制单元之间的数据交换频繁，通信故障时有发生。此时，了解网络结构和模块在网络中的位置至关重要。网络拓扑图应运而生，它直观地展示了汽车各控制单元的连接情况。过去，这一功能仅在高档车专用诊断仪中出现（如奔驰和宝马）。图4-16为某款大众车的网络拓扑图。

在该网络拓扑图中，橙色表示故障模块，绿色表示正常系统，黑色表示通信异常或未配置模块。其通过不同颜色和网络分支，清晰呈现模块连接关系，大幅提升了故障诊断效率。我们还可以通过拓扑图了解车辆是否有网关模块。简单老旧车辆控制模块少，无须网关；高级车辆模块多、通信速度不一致，需要网关协调，如早期大众用仪表充当网关。

在我们排除通信故障时，网络拓扑图可以让我们直观地看到模块之间是通过哪条通信线通信的，大大降低了诊断工作的难度，同时也提高了诊断的准确性和工作效率。

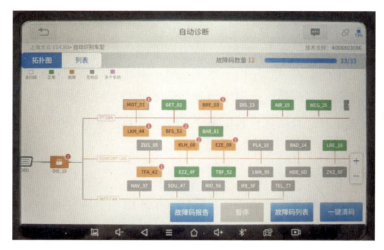

图4-16　网络拓扑图

4.8　利用长短期修正数据及冻结数据流分析混合气调节故障

发动机的混合气长期和短期修正可以帮助我们缩小故障范围。在平时维修中，我们如何充分利用这一功能呢？

我们知道，发动机控制单元接收氧传感器信号，根据氧传感器信号调节混合气的稀浓，调节这个量的大小，就是短期修正。也就是说，短期修正数据对应的是发动机控制单元根据氧传感器信号计算出来的调整量。它本来是发动机控制单元运行中产生的数据，早期的发动机自诊断系统不提供这个数据，但随着技术的发展，为了便于维修人员诊断故障，工程师从数据流中将此数据提供出来，让我们能看到并利用此数据分析发动机故障。

仅有短期修正还不够，因为随着时间的延长，有可能出现某种原因导致混合气总是偏稀或偏浓的情况，这时短期修正数据会长时间的偏离0%，发动机控制单元就会启动长期修正这个功能。其目的有两个：一是加大调整量；二是由长期修正完成一个基础调整，再让短期修正保持在0%附近，方便形成动态闭环混合气调节。

假如你遇到一个冷车启动困难的故障，按照我们以前的经验，可能怀疑是由燃油压力低导致的，于是我们选择使用燃油压力表检测燃油压力。这种根据经验决定检测手段的方法在以前确实很普遍，因为只有经验丰富的维修人员才能根据经验快速找到故障点。但今天我们学习了本文的方法后，你会发现更好的方法，那就是利用长期修正数据来分析问题，并且根据分析结果决定下一步的检测方向。

我们应该先用诊断仪检测。如果是缸内喷射的车，会有一个低压数据，它是发动机控制单元根据压力传感器数据计算出来的一个压力值；如果是自然吸气的车辆，可能数据流中没有这个数据，但我们可以看一下数据流中的长期修正数据。

燃油压力过低故障一般是随着燃油泵的磨损而逐渐降低的，所以在发生故障前，首先会影响长期修正数据。如果我们看到了长期修正数据为正的10%以上，说明发动机控制单元已经发现原因不明的混合气偏稀问题，并且已经做了加浓调整。这时，我们再去检测燃油压力，可能更合理。

长期修正表明发动机控制单元根据实际运行结果，做出了加浓或减稀混合气的调整和方向的调整。如果是正的，表示加浓调整；如果是负的，表示减稀调整。正常情况下，长期修正的数据都在±5%的范围内，如果超过这个范围，有可能系统存在故障。一般来讲，超过正负20%的调整量后，会点亮故障灯，在正负10%～20%的范围内可能存在轻微的混合气调节问题。

相比我们直接用燃油压力表检测燃油压力，先用诊断仪了解一下长期修正数据，可以更准确地找到混合气调节的方向。如果上来就检测燃油压力，有些时候测量起来不方便，会花一些时间，这种利用长期修正数据分析问题的方法，可以提高我们的诊断效率和准确性。这里并不是说测量燃油压力不正确，而是说先测量长期修正数据的方法可以让我们站在发动机控制单元自诊断的角度来分析问题，帮助我们收集更多的信息，从而更科学地分析问题。

大家可能遇到过这样的问题，某辆车开到修理厂更换了一块蓄电池，然后就出现了发动机怠速熄火故障。其原因就是更换蓄电池时，由于没有连接备用蓄电池，导致发动机控制单元内部的长期修正数据丢失，发动机控制单元开始按其默认的数据运行，导致混合气调节范围出现偏差而怠速熄火。这时我们开车在路上跑一圈，就可以重新建立起长期修正数据，怠速恢复正常。这个过程也叫建立混合气调节的学习值。

什么叫"学习"？人的学习是一种智能功能表现，如果是一套控制系统，就是你给他一定量的数据，系统会根据现场变化，做出自己的判断，这种根据运行过程中出现的适应性来调整数据就叫"学习"。

混合气的长期修正，就是发动机控制单元对发动机工况进行长时间的学习后建立的经验数据。我们在平时维修混合气调节故障时，要学会使用这一功能。

除此之外，汽车发动机控制单元还有一项神奇的功能，类似飞机上的黑匣子，可以记录故障瞬间的运行数据，这个功能叫冻结数据流，在诊断一些偶发性故障时我们对该功能加以利用，可有效提高诊断的准确性。

偶发性故障一般比较难修，因为如果故障没有发生，我们测量到的是正常数据，故障发生时很难测量到异常数据，这样就无法了解故障发生时的真实情况。下面就是一个关于混合气调节的偶发性故障，大家看看应如何利用冻结数据流功能分析此车故障。

尼桑逍客偶发性加不上油

车型： 2012年尼桑逍客。

故障现象： 偶发性加不上油，油耗升高（原来8L/100km，现在12L/100km）。

故障诊断： 用诊断仪读取故障码，显示有1个故障码，见图4-17。

故障码是P0132，解释为"加热型氧传感器1-组1，3次"。它只指明了元件，没说明3次代表什么。用专用软件查询得到的解释如下：P0132表示氧传感

⤺		读取故障码		
东风日产 V14.00> 手动选择车型> 逍客(QASHQAI)> J10> 2011年10月以后> 系统诊断> 发动机			技术支持：400880308	
NO.	故障编号	故障码内容		故障码状态
1	P0132 🔍	加热型氧传感器1-组1		3次

图4-17 故障码1

器电路高电压（第1排，传感器1），其中"P"代表动力系统，"0"为SAE（汽车工程师学会）定义的通用故障码，"132"中"1"指第1排，"3"表示氧传感器，"2"代表故障类型为高电压。也就是说，这个故障码的意思是检测到氧传感器信号电压过高故障。

读取数据流，我们发现关于混合气调节的数据流都在正常范围内，当时发动机运转平稳，加速顺畅，没有故障表现。这与实际情况相符，因为当前故障并未发生。

读取故障码时，诊断仪的显示画面如见图4-18所示。

图4-18 故障码2

我们可以看到右下角有一个菜单按钮，是"读取冻结帧"。点此按钮后，就会显示故障发生瞬间的冻结数据流，它是将故障瞬间发动机的运行数据流进行存储，类似飞机上的黑匣子功能。该车故障发生瞬间的数据流的记录见图4-19和图4-20。

图中发动机转速才462r/min，这就是当时加不上速的一个转速，喷油脉宽达到了11ms，这是一个异常数据，车速仅2km/h，说明车辆行驶缓慢，将这些数据

NO.	名称	值	单位
1	燃油系统-B1	模式4	
2	燃油系统-B2	##	
3	燃烧状况	模式1	
4	计算负载值	82.35	%
5	冷却液温度	95.00	Deg C
6	L-燃油调整-B1	89.84	%
7	L-燃油调整-B2	100.00	%
8	短期燃油调整-B1	75.00	%

图4-19 数据流1

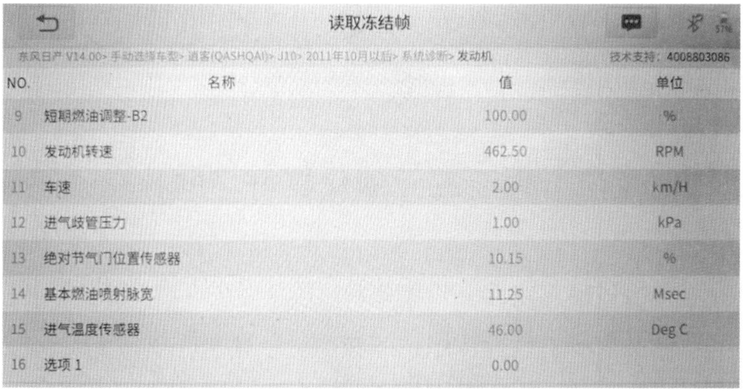
读取冻结帧

东风日产 V14.00> 手动选择车型> 逍客(QASHQAI)> J10> 2011年10月以后> 系统诊断> 发动机　技术支持：4008803086

NO.	名称	值	单位
9	短期燃油调整-B2	100.00	%
10	发动机转速	462.50	RPM
11	车速	2.00	km/H
12	进气歧管压力	1.00	kPa
13	绝对节气门位置传感器	10.15	%
14	基本燃油喷射脉宽	11.25	Msec
15	进气温度传感器	46.00	Deg C
16	选项 1	0.00	

图4-20　数据流2

跟客户核对，正是故障发生时的情况，因为当时正是等红绿灯后，要加油起步的状态。

根据以上数据分析，我们认为可能是发动机检测到氧传感器输出的信号电压为高电压，调节混合气变稀，导致加不上油。于是，我们定购一个新的传感器，到货后装车试验，经过简单路试，故障现象没有再次发生，暂时交车。客户经过几天的行驶，故障没有再次出现，确认故障排除。

冻结数据流功能类似飞机上的黑匣子，它是OBD系统记录故障发生瞬间的数据流，对于诊断偶发性故障非常有帮助，这么好的一个功能，如果你还不会用，是不是太可惜了？

再告诉你一个秘密，此车在诊断过程中，客户了解到他的车辆有类似飞机黑匣子功能时感到非常震惊，同时对我们的诊断水平也连连称赞。这是不是可以帮我们培养忠实的客户呢？因为你的同行们还不知道这个功能，他们也从来没有跟客户讲过这个功能。相比之下，我们就能更好地抓住客户。

总结：

（1）对于发动机偶发性故障，一定要尽量利用冻结数据流功能，它可以大大缩小故障范围，提高我们的诊断准确性与工作效率。

（2）利用混合气长期修正数据，可以帮我们发现一些发动机混合气调节处于“亚健康”的车，帮我们找到清洗发动机内部积炭的机会。通过准确诊断找到故障车并通过清洗真正做到让车更省油，让车辆排出的尾气更清洁，使修理厂、客户和环境三者共赢。

4.9 "时差法"判断三元催化器好坏的补充说明

笔者在《70图讲透分析尾气排放故障》一书中提到了十几种判断三元催化器好坏的方法，其中有一种方法叫"时差法"。在实际运用中，我们注意到部分学员对该方法的理解存在偏差，致使操作时无法达到预期效果。

例如，有同学采用了这样的诊断方式：先将车辆启动，处于冷车状态下测量并记录尾气数据，待车辆达到正常水温后，再次测量三元催化器的数据，通过对比这两组数据来判断三元催化器是否损坏。实际上，这是一种没有充分理解"时差法"要点的错误诊断方法。

"时差法"的关键要点如下。

第一步：启动车辆，待水温达到90℃以后，运用双怠速法测量并记录尾气成分。

第二步：将发动机熄火，等待5min，目的是使三元催化器降温。三元催化器会从300℃以上迅速降至300℃以下，此时重新启动车辆，迅速将发动机转速提升至2500r/min。当尾气数据稳定后，立即记录尾气数据，此时三元催化器尚未升温至正常工作温度，之后再将发动机转速降回怠速状态，记录此时的尾气数据。

第三步：对比两次记录的数据，重点关注三元催化器在冷态下的排气成分。

特别提醒：第二次启动车辆后，请勿将发动机转速提升至3500r/min，也不要等待几十秒，而是要在启动10s后就开始观察尾气数据，在加速操作完成后，应马上记录数据。因为一旦时间过长，三元催化器升温并开始正常工作后，就无法获得准确的测量结果。

数据解读：对比两次数据，如果差异明显，且第一次测量的排放数据低于第二次，则说明三元催化器工作正常；反之，若两次数据相近，则说明三元催化器已失去催化能力。

"时差法"基于三元催化器的基本工作原理，简单且实用，但务必熟练掌握其使用要点。

操作建议： 在具体操作时，建议先建立一个表格，具体内容可参见表4-1。

表4-1　时差法数据对比

尾气成分		三元催化工作数据	三元催化器不工作数据
CO（%）	高怠速		
HC（10^{-6}）			
NO（10^{-6}）			
O_2（%）			
CO_2（%）			
λ			
CO（%）	怠速		
HC（10^{-6}）			
NO（10^{-6}）			
O_2（%）			
CO_2（%）			
λ			

将两次检测的数据填入表格中，这样能更直观地呈现尾气数据的变化，帮助我们准确判断三元催化器是否损坏。

总结：

"时差法"的核心在于利用三元催化器的温度特性，通过冷却使其暂时停止工作，对比工作前后的数据变化，以此判断三元催化器是否能正常工作，也可以理解为借助三元催化器的"温度差"来查找问题。

■ 4.10　缸内喷射发动机高压供油系统泄漏的检测

缸内喷射供油系统如果出现高压供油泄漏，会导致机油中有过多的燃油成分。启动着车后，因为进气道真空的作用，将这些燃油成分通过PCV阀吸入进气道，此时吸入发动机的不是机油蒸气，而是燃油蒸气加上废气，这会导致混合气过浓。如何准确检修此类故障，可以参考下面的案例进行诊断。

2019年长安CS35停车1h后启动困难

车型：2019年长安CS35，配置1.6T发动机。

故障现象：发动机热车熄火后，出现启动时间过长的现象。

故障诊断：经过与客户沟通后，我们了解到此车为排除此故障，曾经更换了一个高压燃油泵，但未排除故障。

接车后，我们用诊断仪读取车辆故障码，显示系统正常，没有故障码。根据客户描述的故障现象，怀疑是高压喷油器泄漏问题，但是此车拆卸喷油器耗时较长，并且更换喷油器后也不一定能排除故障。客户找到我们就是想准确诊断故障。

发动机热车后熄火，拧开机油口盖，用尾气分析仪测量了此处的气体成分，HC达到了514×10^{-6}，说明机油中含有大量的燃油成分。这也从另外一个方面确认此车存在燃油泄漏问题。

因为是缸内喷射系统，所以可以从数据流上看到供油系统的压力数据。将车辆熄火后，打开点火开关，同时用诊断仪读取数据流中的高压压力数据。关掉点火开关，1个小时后，再次观察数据流中的压力数据，其有明显的压力下降。至此确认高压供油系统存在泄漏。

接下来，就需要判断是高压燃油泵漏油，还是喷油器漏油了。我们想到一个方法，即通过给喷油器管路加上氮气高压后，长时间观察压力是否下降，以此来分段判断漏点在哪里。这就如同维修汽车空调的打压试验一样。给喷油器的供油端油管打上1000kPa压力后，观察了1h，发现下降了3个小格，确认喷油器或其连接管路存在泄漏。将喷油器连带油轨拆下后，再次离车打压，并将喷油器放到水中观察，没有发现明显的气泡冒出，无法判断是哪里出现了问题。于是将压力表与油轨连接，第一天晚上下班后测量的压力见图4-21。

经过一夜的压力测试，从压力表的显示上看（图4-22），喷油器并未泄漏，但为什么在车上检测时有泄压呢？估计是上次维修人员没有拧紧与油轨连接的螺丝导致的。

图4-21　检测压力1　　　　　　　　图4-22　检测压力2

将喷油器装好，用诊断仪读取高压压力数据，并在几个小时后再次比对，仍存在压力泄漏，说明问题在高压燃油泵上。订购一个新的高压燃油泵并更换后，将车辆停放12h，高压压力传感器信号电压保持在0.5V以上不变。

经过试车，启动时间过长现象消失。交车后，经过1周以上的使用，确认故障彻底排除。

总结：

（1）对于缸内喷射的车辆，可以用诊断仪读取数据流中的高压压力来判断是否存在高压泄漏，采用氮气分段打压的方法，可以准确判断泄漏位置。

（2）从机油口测量的HC含量为500×10^{-6}，说明机油中燃油成分过多。如果我们遇到HC排放超标的车辆，不要忽略机油中的燃油成分问题。

5 检车不花冤枉钱

如果车辆没有故障，过度维修与保养就会花冤枉钱。如果车辆有故障，诊断不准确，造成误换配件，或误用清洗类产品清积炭，就是不必要的花费，这也是花冤枉钱。如果车辆有故障，找不到懂行的技术人员，反复更换修理厂或技术人员，这更是花冤枉钱。

对于汽车维修人员来说，保证车辆顺利通过年检的关键就是要弄清楚车辆状态，从学会看检车报告单开始，到学会分析报告单，然后再结合维修实例建立相应的经验，这样才能具备省钱养车和修车的能力。对于客户来讲，就是去找真正懂技术的"汽车医生"看病，做到药到病除，就是最省钱的方法。

■ 5.1 汽车尾气的双怠速检测法

图5-1是一张双怠速检测报告单。

从报告单中可以看出，在此车的检测内容中有4项不合格，它们分别是高怠速时的CO和HC，以及怠速时的CO和HC，也就是红色方框内的部分。

其中怠速时CO实测值为0.24，限值为0.15，不合格；HC实测值为164.57，限值为30，不合格；NO为37.97，限值为40，合格。在高怠速时CO实测值为0.48，限值为0.15，不合格；HC限值为30，实测值为212.43，不合格；NO限值为40，实测值为277.93，不合格。综合结论为不合格。

什么是双怠速法呢？双怠速法是一种用于检测车辆尾气排放的方法，具体

图5-1 检测报告单

车辆信息表（图5-1）：

2、车辆信息					
车牌号码	新E453_	车主		检测时间	2024/12/26 15:42:47
车架号	LVSFCFME5BF799_	品牌	福克斯		
燃料种类	汽油天然气混合	排量	1.6	型号	CAF7180M4S
				里程数	147441

3、检验环境					
温度	-12.00℃	大气压	96.29kPa	相对湿度	66.60%

4、检测数据

怠速							
排放物名称	一氧化碳CO	碳氢化合物HC	过量空气系数λ	氮氧化物NO	二氧化碳CO2	氧气O2	
检测值	0.24	164.57	1.00	37.97	14.03	0.59	
限值	0.15	30.00	0.98≤λ≤1.05	40.0			
结论	不合格	不合格	合格	合格			

高怠速							
排放物名称	一氧化碳CO	碳氢化合物HC	过量空气系数λ	氮氧化物NO	二氧化碳CO2	氧气O2	
检测值	0.48	212.43	1.01	277.93	13.66	0.71	
限值	0.15	30.00	0.98≤λ≤1.05	40.0			
结论	不合格	不合格	合格	合格			
综合结论				不合格			

介绍如下。

检测准备：保证车辆进气系统有空气滤清器，排气系统无泄漏且装有消声器和后处理装置。检测时发动机冷却液或润滑油温度不低于80℃或达到说明书规定的温度状态。

设备至少能测量汽车排气中的CO、CO_2、HC和O_2 4种成分的体积分数，并能计算过量空气系数值，还应具备发动机转速和机油温度测量功能。

检测步骤：检测步骤见图5-2。

高怠速阶段：发动机从怠速加速至70%的额定转速，运转30～60s后降至高怠速状态。轻型汽车高怠速为（2500±200）r/min，重型汽车高怠速为

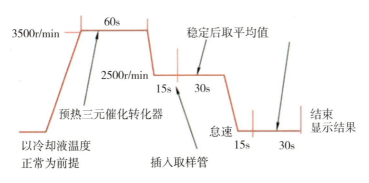

图5-2 检测步骤

（1800±200）r/min。将取样探头插入排气管不少于400mm，固定后维持15s，仪器读取后30s内的平均值作为高怠速污染物测量结果，对于使用特定技术的汽车还应计算过量空气系数。

怠速阶段： 发动机从高怠速降至怠速状态15s后，仪器读取后30s内的平均值作为怠速污染物测量结果。检测中若CO与CO_2浓度之和小于6.0%或发动机熄火，须终止测试并重新进行。多排气管车辆取各排气管测量结果的算术平均值，车辆排气管长度不足时使用排气延长管。

判定标准： 一般来说，根据不同车型和排放标准，对高怠速和怠速状态下CO和HC的含量以及过量空气系数等指标设定相应的限值，若检测值在限值范围内，则车辆尾气排放合格，反之则不合格。

双怠速检测方法，就是利用发动机空载时的排放气体数据来检测发动机排放是否合格的方法。详细操作步骤为发动机热车以后，在高转速和怠速两个工况下，等气体进入尾气分析仪，稳定15s再进行取样，然后平均后30s内的数值，将其当作是否合格的判定依据。低于限定值为合格，反之为不合格。

5.2 ASM5025和ASM2540汽车排放稳态工况法

ASM5025和ASM2540是汽车排放检测的方法，主要用于检测汽车尾气排放是否合格。汽车排放稳态工况法的检测报告单见图5-3。

OBD检查结果			通过			检验员：			
G.3.4 排气污染物检测									
检测方法		稳态工况法							
排气污染物检测结果内容	稳态工况法		ASM5025			ASM2540			
			HC(10^{-6})	CO(%)	NO(10^{-6})	HC(10^{-6})	CO(%)	NO(10^{-6})	
		限值	90	0.5	700				
		实测值	29	5.96	55				
		检测结果	未通过			检验员			
燃油蒸发测试		加油口测试				油箱盖测试			
		结果判定							
		检验员				检测不合格			
排气污染物检测结果		未通过							

图5-3 报告单

从报告单中可以看出，在ASM5025工况中，3项检测数据分别是HC、CO和NO。其中HC实测值为90×10^{-6}，限值为29×10^{-6}，不合格；CO实测值为5.96%，限值为0.5%，不合格；NO实测值为700×10^{-6}，限值为55×10^{-6}，不合格。综合结论为不合格。

表格中无ASM2540工况数据，这是为什么呢？这是因为ASM5025工况没有通过，所以也没有进行ASM2540工况的检测。那么什么是稳态工况法呢？以下是对稳态工况法的具体介绍。

检测前准备：检查测试平台相关辅助器件是否正常，预热测功机和尾气分析仪。检查车辆排气系统以确保其不泄漏，确认机油量和水温表正常，发动机无异响，轮胎符合标准。将车辆预热到正常温度后应关闭所有用电设备，固定好车辆。

ASM5025工况检测：启动加载，车辆预热后，加速至25km/h，测功机根据测试工况要求，以车辆在25km/h时发动机输出功率的50%作为设定功率对车辆加载，工况计时器开始计时（$t=0$）。

等速检测：车辆保持（25 ± 1.5）km/h的等速状态5s后开始检测。

快速检查：系统在10s后开始快速检查工况，即$t=15s$时开始测量，每秒钟测量一次，并根据稀释修正系数及湿度修正系数计算10s内的排放平均值，在$t=25s$时完成快速检查。若10s内的排放平均值经修正后等于或低于限值的50%，则测试合格，检测结束；否则应继续至90s工况。

90s检查：车辆运行至90s（$t=90s$）时，ASM5025工况结束。测功机在车速为（25 ± 1.5）km/h、扭矩偏差为$\pm 5\%$的条件下，10s内第1s至第10s的车速变化相对于第1s的车速小于± 0.5km/h，测试结果有效。若10次排放值经修正后高于限值的500%，则测试不合格，检测结束；否则进入ASM2540工况。

ASM2540工况检测：加速加载，车辆从ASM5025工况的25km/h直接加速至40km/h，测功机根据测试工况要求，以车辆在40km/h时发动机输出功率的25%作为设定功率对车辆加载，工况计时器重新开始计时（$t=0$）。

等速检测：车辆保持（40 ± 1.5）km/h的等速状态5s后开始检测。当测功机转速和扭矩偏差超过设定值的时间大于5s，检测应重新开始。

快速检查：同样在10s后开始快速检查工况，即$t=15s$时开始测量，每秒钟测量1次，并根据相关系数计算10s内的排放平均值，t=25s时完成快速检查。若10s内的排放平均值经修正后等于或低于限值的50%，则测试合格，检测结束；否则应继续至90s工况。

90s检查： 车辆运行至90s（t=90s）时，ASM2540工况结束。测功机在车速为（40.0±1.5）km/h、扭矩偏差为±5%的条件下，10s内第1s至第10s的车速变化相对于第1s的车速小于±0.5km/h，测试结果有效。若10s的平均值均低于或等于限值，则该车应判定为合格；如10s的平均值超过限值，则测试不合格，检测结束。若10次排放值经修正后高于限值的500%，也判定为测试不合格，检测结束。

相关数据： 检测时CO一般不可高于0.3，HC不可高于90×10^{-6}，NO不可高于700×10^{-6}。

稳态工况法就是将车辆开到底盘测功机上，测量车辆行驶状态下的排放数据，即在25km/h和负荷50%，以及40km/h负荷和25%的情况下的排放数据。我用思维导图对具体的测量过程进行了总结，见图5-4。

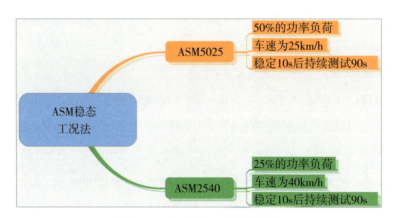

图5-4 ASM稳态工况思维导图

5.3 怎样准确判断汽车插头是否存在接触不良

汽车作为复杂的机械与电子集成体，其分布着密密麻麻、各式各样的插头。这些插头如同汽车神经系统的连接节点，起着传输电力和信号的关键作用。然而，随着汽车使用年限的增加以及各种复杂环境因素的影响，部分插头容易出现接触不良的情况。在实际汽车维修案例中，存在许多令人头疼的偶发性故障，经过排查发现，其中大部分是由插头接触不良导致的。那么，对于广大客户和汽车维修人员而言，该如何准确判断汽车插头是否存在接触不良呢？

首先可以采用最基础的直接观察方式。第一，仔细查看插头内部端子。将插头小心拆解，利用强光手电筒等工具辅助照明，观察端子是否有变形迹象，比如是否有弯曲、扭曲或者折断等情况。因为端子一旦变形，就难以与对应的接口紧密贴合，从而引发接触不良。第二，观察端子表面是否具有正常的金属光泽。正常情况下，金属端子表面应呈现出均匀且光亮的色泽。若发现端子表面黯淡无光，甚至出现腐蚀斑点，这很可能意味着端子已经被氧化或腐蚀，其导电性会受到严重影响，进而导致接触不良。

然而，汽车内部构造复杂，有些插头的位置处于极为隐蔽且较深的部位，如发动机内部某些线束，或者仪表后方复杂的线路深处。在这些情况下，难以通过直观检查来确定是否存在接触不良问题。此时，我们就需要借助一些更为巧妙的方法进行判断。

图5-5中展示的是一套用于调整、拆装线束端子的小型工具套装。这套工具在网络电商平台上很容易就能找到，其价格也较为亲民。这套工具包含多种形状和功能的小工具。这些工具不仅能方便地对部分插头的端子进行精准拆装，

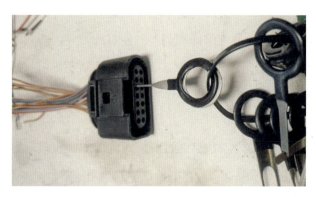

图5-5 端子工具

避免因操作不当对端子造成二次损坏，而且还能够替代原车的公端子，用于测试母端子的夹紧力，从而帮助我们判断插头是否需要维修。

这种借助工具测试夹紧力的方法被称为试验法，其独特的优势在于能够通过手感更精确地判断母端子是否具备足够的弹力。在操作时，将工具模拟成公端子插入母端子中，然后缓慢向外拉动。当向外拉动时有明显的阻力，就如同两个相互吸引的物体在抵抗分离一般，表明公端子和母端子之间的接触压力良好，能够确保可靠导电；反之，如果拉动过程感觉非常轻松，几乎没有明显阻力，说明端子可能已经变形，弹性不足，这极有可能引发因接触不良而导致的偶发性故障。

此外，当维修人员处理过一定数量的接触不良问题后，便可以凭借丰富的经验，通过观察端子的形状，判断其是否变形，以及是否会引发接触不良。与经验丰富的医生能够通过观察病人的气色来初步判断病情一样，资深汽车维修人员只需一眼，就能从端子的细微形变中发现潜在问题。我们运用上述方法，成功修复了多辆五菱面包车OBD无法通信的故障。在维修过程中，通过仔细检查插头端子，运用工具测试夹紧力，准确找到了故障点，并有针对性地进行修复，使车辆的OBD系统恢复了正常通信，保障了车辆的正常检测与诊断功能。

■ 5.4　不要忽略软件原因导致的混合气调节故障

汽车维修人员认为，有故障码的车辆比较好修，没有故障码但有故障现象的车辆一般比较难修，而最难维修的则是偶发报故障码的车辆。利用原车自诊断提供的故障码，可以缩小故障范围。当原车自诊断不提供故障码时，我们就会面临没有诊断思路的情况。下面为一例没有故障码的维修案例。

车型：本田CRV。

故障现象：客户描述发动机怠速过高，清洗节气门也没有效果。之后经过多次维修，均没有排除故障。

故障诊断：用诊断仪读取故障码，显示系统正常且没有故障码。仪表显示发动机转速在1000r/min左右（正常转速应该在700r/min左右），此时发动机温度已经超过80℃。

用诊断仪进入"特殊功能"菜单中，选择"匹配节气门"选项，操作提示见图5-6。

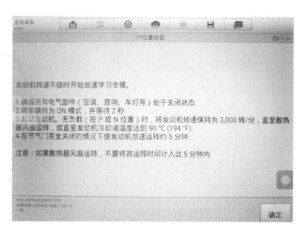

图5-6　匹配节气门

按上述要求操作一遍后，怠速回落至800r/min，故障排除。

此车故障现象是怠速高，但没有故障码。这种情况就属于软件原因导致的故障。因为没有故障码的指引，所以维修时往往找不到思路。

我们知道，除了以上车型外，雪铁龙车系在清洗节气门后，匹配节气门的方法很特殊，需要启动着车一直怠速运转，让散热风扇转动后，再进行路试。

如果清洗了节气门后没有匹配，那么发动机控制单元是无法准确调节混合气的，所以当前我们在维修排放问题时要注意这一点。其实清洗节气门如果不进行匹配，不仅会影响发动机的怠速转速，还会影响混合气的调节。当然也会影响排放数据，我们在维修排放故障时要加以注意。

如果混合气调节不当，是不是会影响点火正时呢？答案是肯定的。因为稀混合气和浓混合气的燃烧速度不一样，目前大多数修理厂没有检测点火正时的工具，所以，无法检测氮氧化合物可能会升高的问题。我们维修混合气故障时，要注意这种隐性问题。

说到混合气调节，就不得不提氧传感器。发动机控制单元接收氧传感器的信号电压，并通过调节喷油时间来对混合气的调节起作用，这就是混合气的闭环调节，所以氧传感器的反馈调节作用是时刻进行的。如果混合气调节出现故障，偏离理论空燃比太多，氧传感器的调节作用就是一次次的调节过程。随着着车时间的延长，混合气的调节会反复加浓或减稀。

如果我们想准确了解氧传感器的输出信号电压，就需要用示波器观察氧传感器的信号电压波形。如果没有示波器，就不可能准确观察氧传感器的波形是否正常，这样可能会导致产生一些所谓的"疑难故障"。

如果想进一步提高诊断技术能力，还要考虑使用示波器、万用表和正时枪，这些都是必需的工具。若我们没有这些工具，则会花更多的时间来诊断疑难故障。

总结：

（1）凡是没有故障码，排放有明显问题的车辆，要先排除机械系统是否正常。如果机械系统正常，就要考虑节气门是否正确匹配，燃油品质有没有问题。

（2）混合气调节问题会导致燃烧速度变化，燃烧速度的变化会影响点火提前角，而点火提前角与爆震传感器反馈相关，发动机控制单元收到爆震信号后会推迟点火正时，所以我们维修发动机无力、油耗高以及排放过高故障时，要综合考虑以上相关问题。

5.5　温度问题影响车辆排放

汽车电控燃油喷射系统中，氧传感器需要在300~800℃之间才能产生正常的信号电压，三元催化器需要300~800℃才能高效率地催化排气中的有害气体。在汽车OBD中，要求发动机冷却液温度达到正常工作温度以后，才进行排放监控工作，当发动机达不到正常的温度时，监控程序不启动，也会出现不就绪故障。

在本书第6章案例中，有一辆江淮瑞风S3在检车时出现不就绪问题，就是因为温度过低而引起的（经过检查发现该车没有安装节温器）。不安装节温器会导致冷却液不受控制地流向水箱。在冬季行车时，发动机冷却液温度将低于80℃，因而导致发动机的就绪项目不能完成。

那么如何判断车辆冷却液温度是否正常呢？有的客户认为，水温表指示正常就是水温正常。这个判断不完全正确，因为没有安装节温器的汽车，在原地不行车状态下水温表显示也正常。只要一行车，水温马上下降。所以，判断节温器是否正常工作的方法如下。

发动机原地热车，接上诊断仪读取发动机系统数据流，等到冷却液温度超过90℃时开始行车。同时，在诊断仪上把这个冷却液温度数据以曲线形式显示出来。发动机冷却液温度在行车时的变化见图5-7。

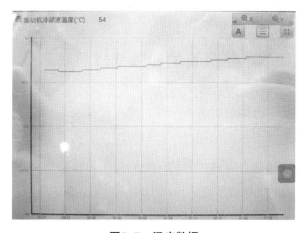

图5-7　温度数据

如果行车过程中冷却液的温度低于80℃，证明此车存在温度过低的问题，可能会导致OBD监控程序中的项目不就绪，需要针对温度过低的问题进行维修。

下面接着说三元催化器的温度。有些车辆的原车三元催化器损坏后需要更换，但个别车辆存在设计缺陷，使用的三元催化器体积过小，在新车时勉强可以通过，这时如果我们更换新的原车三元催化器，也有可能造成无法通过检测。这时，要考虑对原车的三元催化器进行改装，如加装一个三元催化器。在改装时要注意，在空间允许的情况下，加装的三元催化器要尽可能地离发动机排气歧管近一些，这样便于利用发动机排出的高温气体对三元催化器进行加温，保证其工作温度达到300℃以上。如果离发动机太远，会因为排气中的高温气体在经过长距离传输后温度降低太多，导致三元催化器温度太低，无法有效催化排放中的有害气体，从而失去加装的意义。

总结一下，汽车排放故障中涉及温度的地方有发动机的水温和三元催化器的工作温度，此外还包括氧传感器的工作温度。对于发动机的水温，比较好的判断方法是用诊断仪读取数据流中的水温，并且在试车过程中水温要保持在80℃以上不下降才算正常。三元催化器是用发动机的排气来加温的，可以让发动机转速在2000r/min时运行3min以下，才能保证三元催化器的温度快速达到正常的工作温度，还要注意三元催化器的安装位置不能离排气歧管太远。

■ 5.6 清洗积炭的产品真的能降低排放吗

如果可以把气缸内部的积炭清洗掉，就可以使发动机的气缸压力恢复到正常值。如果气缸内部有过多的积炭，会导致缸压升高。缸压升高则会导致混合气燃烧时有爆震的倾向，爆震传感器接收到爆震信号后，会推迟点火时间。点火时间推迟过多后，会导致发动机加速无力，油耗升高。

积炭清洗产品远比我们想象得复杂，能不能有效清洗是问题之一，能不能安全清除也是一个重要的问题。

我们实践中发现，有些清洗积炭的产品是可以清除积炭的，但是清除下来的块状积炭在活塞与缸筒之间摩擦，反而会导致拉缸。

随着汽车清洗技术的发展，清洗燃烧室积炭的产品质量越来越好，一些优质的产品确实可以实现免拆缸盖，实现对活塞顶部积炭的清除，还可以安全地把积炭缓慢清除。这种分解方式会使清洗下来的积炭变成极细的粉末，不会造成活塞缸筒之间的磨损，进而降低排放出的有害气体。

综上所述，我们在众多清洗积炭的产品中找到了某品牌的产品，它确实可以有效清除缸内积炭。目前市场上确实有可安全、有效清除积炭的产品。接下来，我们聊一下"爆震"。

图5-8为发动机控制单元计算点火提前角的控制策略示意图，我们可以想象这样一个过程，当发动机不发生爆震时，发动机控制单元会提前点火时间，每次一小步，大约为1°的步进值；当检测到爆震时，会大幅度推迟点火时间，每次调节5°～10°的曲轴转角。通过这种动态的调节，发动机的实际点火时间会保持在一个离爆震点最近，但又不爆震或轻微爆震的范围内。因为在这个小范围中间，发动机的油耗最低，发动机燃烧效率可以最大限度地变成动能，驱动车辆行驶。爆震调节过程思维导图见图5-9。

积炭对发动机的影响有以下两个方面：一方面，燃烧室内的积炭会占用燃烧容积，造成缸压过高；另一方面，积炭有可能是一个燃烧热点，直接点燃气缸内部的可燃混合气，形成爆震燃烧，相当于点火时间过早，使发动机燃烧效率变低。过高的气缸压力为氮氧化合物生成创造了条件，爆燃也是生成氮氧化合物的因素。如果发动机排气中氮氧化合物排放过高，需要检查一下气缸内部的积炭。如果积炭比较明显，说明这就是产生氮氧化合物的原因之一。

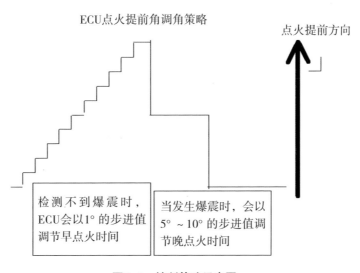

图5-8 控制策略示意图

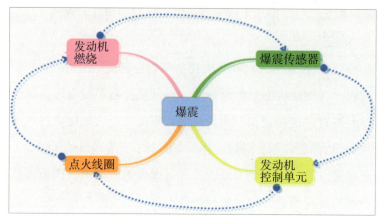

图5-9　爆震调节过程思维导图

■ 5.7　哪些因素会影响点火正时的调节

我们不仅要学习汽车尾气治理的知识，还要学习爆震的知识。有人认为爆震在维修中几乎用不到，这其实是一个错误的观点。因为爆震是在发动机控制单元的控制下自动完成调节的。我们平时觉察不到，并且爆震传感器工作起来比较稳定，很少损坏，这就造成了一些假象，好像爆震影响不到发动机，或者说点火正时对发动机的影响不大。

其实点火正时非常重要，之所以在我们平时维修工作中很少发生点火正时错误的故障，是因为一些因素把这个问题掩盖了。其不是很少发生，而是你很少发现而已。这就造成了我们维修点火系统仅限于更换火花塞或点火线圈。

点火正时调节策略是发动机控制系统中的重要部分，以下是一些常见的调节策略。

（1）发动机在不同转速下需要点火正时的调节。

发动机低转速和高转速时，燃烧速度基本不变，但转速影响发动机曲轴的角速度，所以高转速下发动机曲轴转过的角度更多，点火时刻是一个时间问题，但到发动机上要计算参考曲轴转角，所以高转速时点火提前角要增大。

（2）负荷对点火正时的影响。

负荷低时，缸内压力和温度较低，混合气燃烧速度较慢，可适当提前点火，使燃烧更接近上止点以提高热效率。

负荷增大时，缸内压力和温度升高，混合气燃烧速度加快，可推迟点火，防止爆震，确保发动机的可靠运行。

（3）冷却液温度对点火正时的影响。

冷启动或冷却液温度低时，混合气雾化和蒸发差，燃烧不稳定，须提前点火以利于启动和暖机。

冷却液温度正常后，按转速、负荷等因素调节点火正时，以保证发动机正常运行。

（4）爆震反馈对点火正时的调节。

爆震传感器监测发动机爆震情况，有爆震时，控制系统推迟点火，消除爆震。

爆震消失后，逐渐提前点火，使发动机在接近爆震边界的最佳点火时刻，以此来提高动力和经济性。

（5）空燃比对点火提前角的影响。

混合气过浓或过稀都会使燃烧速度改变。混合气过浓时空燃比小于理论值，燃烧不完全，需适当推迟点火；混合气过稀时空燃比大于理论值，燃烧速度变慢，需提前点火。

此外，进气温度、压力等因素也会影响点火正时，现代发动机控制系统会综合各传感器信号，通过电子控制单元精确计算和调节点火正时，以实现发动机的最佳性能。

除了上述提到的常见点火正时调节策略外，还有以下几种调节策略。

（1）废气再循环（EGR）对点火正时的影响。

当EGR系统工作时，部分废气被引入进气歧管与新鲜混合气混合。由于废气中含有大量的CO_2等惰性气体，使混合气的燃烧速度变慢，此时一般需要适当提前点火正时，保证混合气能够在合适的时间内充分燃烧，维持发动机的正常性能和排放水平。

（2）可变气门正时（VVT）的协同调节。

可变气门正时系统可以改变进气门和排气门的开启和关闭时刻。气门正时发生的变化（如进气门提前开启或延迟关闭）会影响缸内的混合气状态和燃烧过程。点火正时需要与气门正时协同调节，例如在进气门提前开启角度较大时，可能需要相应地提前点火正时，以适应混合气在缸内的变化，优化燃烧过程，提高发动机的动力性和经济性。

（3）海拔高度对点火正时的影响。

海拔升高时，大气压力降低，空气稀薄，发动机进气量减少，混合气相对变浓。为了使混合气能够良好燃烧，需要适当推迟点火，避免因燃烧不完全等问题导致发动机功率下降、油耗增加。相反，在海拔较低的地区，空气密度大，进气量充足，可适当提前点火以充分利用燃烧能量，提升发动机性能。

（4）氧传感器反馈对点火正时的影响。

氧传感器监测排气中的氧含量，以此反映混合气的空燃比情况。当氧传感器检测到混合气过浓或过稀时，发动机控制单元除了会调节喷油量来修正空燃比外，也会相应地调整点火正时。混合气过浓时导致燃烧不充分，可能需要推迟点火，让燃烧更接近下止点，减少未燃混合气的排放；混合气过稀时则可能需要提前点火，以确保燃烧的稳定性和充分性。

（5）汽油品质对点火正时的影响。

高标号汽油的抗爆震性较好，低标号汽油的抗爆震性较差。如果我们使用了低于设计标号的汽油，爆震传感器收到爆震信号后，会发送给发动机控制单元，做出推迟点火的调整，进而引起高油耗等问题。

（6）气缸压力的变化对点火正时的影响。

积炭增多会导致气缸压力升高，使燃烧中爆震倾向明显，爆震传感器收到信号后送至发动机控制单元，控制单元就会使点火时间往晚的方向调节。

看完这些内容，你可能对点火正时有了新的认识，这对我们治理尾气的诊断有很大帮助。影响点火正时因素思维导图见图5-10。

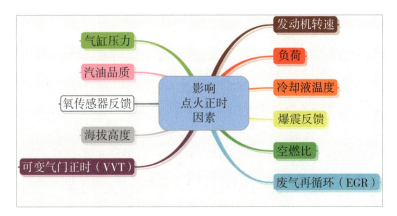

图5-10 影响点火正时因素思维导图

汽车点火正时对排放的影响包括以下几个方面。

点火过早会导致产生爆燃，使排放中含有过多的NO_x；点火过晚会导致燃烧时间不足，产生较多的HC排放。这只是粗略分析，实际情况远比我们想象得复杂，因为涉及太多的因素，发动机的燃烧本来就是瞬息万变的，所以希望本文能多提供一种思路。当你遇到用其他思路解决不了的问题时，看看能不能换个思路。

看了上面的关于点火正时的讲解后，希望大家能把点火正时故障很少发生这一观点，变成很少发现关于点火正时故障这一观点。

5.8 如何避免检车时花冤枉钱

作为汽车维修行业的从业者，我见过太多客户因检车花冤枉钱的情况。其实，想要避免这类不必要的开支并不难，关键在于提前做好充分准备，全面了解车辆状况并及时处理问题。只要提前解决好车辆存在的隐患，确保一次性通过检车，就不会在检车时手忙脚乱，多花冤枉钱。

通常来说，检车主要包含证件检查、外观检查、安全检查和OBD排放检查4个方面。下面为大家详细介绍一般检车的完整流程。

前期准备： 准备好行驶证、车主身份证（若为代办，需提供代办人身份证）、交强险副本以及车船使用税完税证明；提前查询并处理好车辆所有的交通违章记录；对车辆进行全面自查，查看外观有无破损或改装，确认灯光是否正常、轮胎花纹和气压是否合适、制动是否灵敏、安全带是否完好，还要检查灭火器、三角警示牌等安全设备是否齐全。完成上述准备工作后，便可驾车前往检测站。

到达检测站后，将车辆停放在指定位置，随后前往业务大厅办理登记手续。外观检查结束后，前往交费大厅缴纳检测费用，一般小型车的检测费用为150～200元。接着把身份证和行驶证交给工作人员，他们会将车辆年检信息录入系统。之后把车钥匙交给工作人员，配合其进行外观检查。工作人员会打开发动机舱盖和后备箱，仔细核对车辆车架号、发动机号等数据，查看车身颜色和外观是否与行驶证中的照片一致，检查三角警示牌、灭火器等安全装置，同时还会查看车辆灯光有无破损，悬架、天窗、轮胎等是否符合相关要求。

上线检测：完成外观检查后，工作人员将车辆开上检测线，对尾气、制动、灯光、底盘等项目进行检测。检测完成后，客户会拿到一张检测报告单。客户携带检测报告单、身份证复印件等材料到大厅总检处签字盖章。最后，前往指定窗口，把表格、交强险单据等交给工作人员，经工作人员检查和录入相关信息后，即可领取年检合格标志。

私家车车主往往对自己车辆的排放状况不太了解，因此在OBD排放检查环节容易出现问题。解决这一问题有以下两种方法：一是在检车前前往修理厂，让专业人员使用诊断仪对车辆OBD进行预检。若检测结果正常，可直接去检车；若检测出问题，应先进行针对性维修，之后再去检车。二是倘若车主自认为车况良好，但又有些不放心，也可以自行购买手机版诊断仪，通过手机对车辆OBD进行预检。一旦发现问题，务必准确诊断，找出真正的故障原因，这样就能避免因盲目维修而花冤枉钱。

根据我的经验，检车时花冤枉钱主要集中在以下两类情况：一是因诊断不准确导致更换了一些不用更换的配件，进而造成经济损失。当客户遇到自己不懂的车辆问题时，容易盲目采取措施，结果花了冤枉钱。二是虽然诊断准确，但使用的维修产品不专业，无法真正解决车辆问题。这种情况屡见不鲜，尤其是客户听从网上一些非专业人士提供的意见，盲目更换配件或使用清洗类产品。所以，我们一定要秉持"先诊断后维修，不诊断不维修"的原则，遇到不懂的问题多向专业人士请教，避免在未明确故障原因的情况下盲目维修。

外观检查和灯光检查相对容易发现问题，客户只需提前处理即可。而在OBD排放方面，可能会遇到OBD不通信、VIN码不正确、OBD不就绪和排放不合格等问题。

OBD不通信：检测站和修理厂的诊断仪通过OBD插头与车辆的OBD诊断座连接以实现数据通信。常见的不通信原因包括车辆的OBD诊断座存在接触不良的问题；个别车辆的OBD诊断座出现线路故障，需要进行改线、跳线或增加通信线等操作；个别车辆存在OBD软件故障，比如车辆刚开始执行OBD标准时，发动机控制单元内部可能未写入OBD程序。

VIN码不正确：这属于软件故障，建议先到4S店处理。若4S店无法解决，可以找专业人员进行写入。

OBD不就绪：一般情况下，车辆按照本书第1章提供的驾驶循环方法行驶10km左右，多数能够生成就绪状态。但个别车辆需要升级发动机控制单元程序才能解决该问题。

排放不合格：出现这种问题需要找有维修能力的修理厂进行维修。客户需要注意，如果修理厂配备尾气分析仪，可在维修前与修理厂商量好，若维修后尾气排放数据明显改善，则可支付维修费用；若维修后排放数据没有降低，则无须支付维修费。

5.9　有哪些人为因素可造成OBD检测无法通过

（1）发动机故障灯异常及特殊车型的操作。

在检车流程里，发动机故障灯的状态是极为关键的一项初步检查指标。正常情况下，当打开车辆点火开关时，发动机故障灯应随之点亮，待车辆成功启动后，该故障灯则应自动熄灭。一旦实际情况与这一标准不符，车辆便不适合直接上线检测，必须先针对故障展开维修，直至恢复正常状态后才可上线检测。

值得注意的是，不同车型在操作方式上存在差异。以别克车系的一键启动车型为例，若想实现仅打开点火开关却不启动车辆，需按下一键启动按钮并持续15s，同时务必注意不要踩下制动踏板，一旦踩下，车辆便会启动，无法进入满足检查要求的状态。又如2019年宝马525Li，同样配备一键启动功能，其特定操作是快速连续按下启动按钮3次，如此便能点亮仪表，但车辆不会启动。倘若不了解这些特殊车型的正确操作方法，极有可能对发动机故障灯的状态做出错误判断，进而影响整个检车流程的顺利进行。

（2）OBD就绪状态遭破坏的应对方法。

完成驾驶循环操作后，车辆的OBD程序会达到就绪完成状态。若此时发动机意外熄火，并且点火开关也被关闭，就极有可能导致OBD重新进入不就绪状态，特别是当车辆从修理厂前往检测站的过程中，若涉及多人操作，中途交接人员稍有不慎误将车辆熄火，便会引发这一问题。

为有效避免此类情况的发生，可行的解决办法有两种：第一，尽量确保从准备检测到最终抵达检测站的整个流程都由同一人完成，这样能减少误操作的可能性；第二，若无法做到由同一人操作，则必须向所有参与人员详细且明确地说明操作要点，强调在任何情况下都不能中途关闭发动机和点火开关，以此保证车辆能够以OBD就绪状态顺利到达检测站，避免因不就绪问题导致检车受阻。

（3）OBD通信方式差异与正确操作。

在实际检车过程中，有时会出现这样的情况：在修理厂使用诊断仪对车辆进行检查时，一切数据均正常，当车辆到达检测站后，却出现无法通信或者检测数据异常的情况。造成这种情况的主要原因之一，就在于修理厂和检测站在OBD检测方式上存在差异。

大多数修理厂使用的是综合诊断仪，这类诊断仪具备检测市面上多种车型的能力。在日常维修工作中，汽车维修人员通常习惯通过车型菜单进入诊断系统。然而，检测站采用的是OBD检测方式。实际上，综合修理厂所使用的诊断仪本身是配备专门用于OBD检测的菜单的，通过这个菜单可以对发动机控制单元进行精准检测。某品牌的综合诊断仪上的OBD菜单见图5-11。

图5-11 OBD菜单

对于修理厂的操作人员而言，必须清楚了解并熟练掌握如何使用诊断仪上的OBD菜单进行检测。在操作时，应选择诊断仪上标注有OBD或EOBD（这两个菜单的含义基本一致）的程序选项，而绝不能再按照常规的车型菜单进入，只有这样，才能确保修理厂的检测方式与检测站完全相同，有效避免因通信方式不一致而导致的检测异常情况的发生。

（4）维修不当引发的检测问题。

配件质量隐患： 在车辆维修过程中，若选用了非原厂生产或者质量不过关的配件，如氧传感器和火花塞等关键部件，因这些配件在性能和质量上无法与原厂配件相媲美，所以很难对车辆的排放进行精准控制和有效监测。一旦安装使用这类配件，极有可能导致车辆排放出现异常，最终使OBD检测无法顺利通过。

维修操作失误： 维修人员的操作规范程度同样对车辆检测结果有着重要影响。若在维修过程中，维修人员未能严格按照标准操作流程进行作业，比如在安装传感器时没有将其牢固安装到位，就会直接导致传感器采集到的信号不准确，进而影响车辆排放数据的真实性和准确性；或者在更换三元催化器时，没有确保安装牢固，甚至不小心损坏了三元催化器的内部结构，这无疑会严重影响尾气的净化效果，使车辆排放超标，最终引发OBD排放检测不达标，导致车辆无法通过检车。

（5）车辆擅自改装对检测的影响。

动力系统改装：部分客户为了追求车辆性能的提升，会对发动机进行改装，常见的改装方式包括增大进气量和提高压缩比等。然而，这些改装在改变发动机性能的同时，也会显著改变发动机的燃烧特性。发动机燃烧特性的改变会使排放污染物大幅增加。而车辆的OBD系统具备高度的智能监测功能，能够敏锐地捕捉到这些异常变化，一旦检测到排放异常，便会判定车辆不符合检测标准，从而导致检测不通过。

排气系统改装：除了动力系统改装外，对排气系统的不当改装同样会对检车产生负面影响。诸如更改排气管道的直径、随意改变管道形状，甚至有些客户为了追求所谓的"特殊效果"而拆除三元催化器等行为，都会严重破坏排气系统原本的正常结构和功能。排气系统的正常工作对于尾气的净化和排放起着至关重要的作用，一旦其结构和功能受损，尾气净化效果将大打折扣，排放污染物必然会增多，最终引发OBD排放检测问题，使得车辆无法顺利通过检车。

（6）违规使用添加剂和燃油的危害。

劣质添加剂的危害：有些客户为了节省维修和保养成本，或者轻信一些夸大宣传的所谓"高效清洁"燃油添加剂，在车辆使用过程中添加了劣质燃油添加剂。这些劣质添加剂不仅无法起到改善车辆性能和清洁发动机的作用，反而会对发动机和排放系统造成严重的损害。它们会干扰发动机的正常燃烧过程，影响尾气排放的质量，最终导致车辆在OBD检测时无法通过，给客户带来不必要的麻烦和经济损失。

低质燃油的影响：长期使用不符合车辆要求的低质燃油，也是导致车辆检车不通过的常见原因之一。例如，燃油中硫含量过高，会在燃烧过程中产生大量的有害气体，对环境造成严重污染的同时，也会对车辆的排放系统造成腐蚀和损坏；辛烷值不足则会使发动机燃烧不充分，降低发动机的功率和性能，同时产生更多的有害气体。车辆的OBD系统能够实时监测排放情况，一旦检测到因使用低质燃油导致排放超标，便会判定车辆不合格，使得车辆难以通过OBD排放检测。

（7）日常保养疏忽导致的检测失败。

未按时保养：车辆的正常保养对于维持其良好性能和稳定排放至关重要。然而，部分客户在日常使用过程中忽视了车辆保养的重要性，没有按照车辆使用手册中规定的时间和里程进行定期保养。比如，长时间不更换机油，机油的润滑性能会逐渐下降，进而导致发动机内部零部件磨损加剧，产生更多的杂质和污垢；长期不更换空气滤清器会导致进气量不足，影响发动机的燃烧效率。这些问题都会使发动机内部积累大量污垢，严重影响燃烧效率，进而导致排放恶化，最终使得车辆无法通过OBD排放检测。

忽视部件检查：除了按时保养外，对OBD系统相关部件的日常检查和维护同样不可或缺。但在实际使用中，很多客户往往忽视了这一点，没有定期对氧传感器和炭罐电磁阀等关键部件进行检查和维护。这些部件在车辆的排放控制和监测过程中起着至关重要的作用。一旦出现故障，如氧传感器失效无法准确监测排放气体中的氧含量，炭罐电磁阀故障导致燃油蒸气无法正常回收利用等，都可能导致车辆排放异常。由于客户未能及时发现并修复这些故障，最终导致车辆在OBD排放检测时无法通过，影响车辆的正常使用和年检。

以上是对人为因素造成OBD检测不通过原因的总结。

6　检车不通过的案例

6.1　2012年东风雪铁龙爱丽舍无法与诊断仪通信

车型：2012年东风雪铁龙爱丽舍轿车，装配天然气和汽油双燃料发动机，排量为1.6L，电控系统为博世公司的产品。

故障现象：该车在年检时，上线检测发现发动机控制单元与诊断仪无法通信。

故障诊断：接上诊断仪后，选择EOBD菜单进行通信，诊断仪通过逐个搜索OBD程序进行扫描式通信，最终显示无法通信，确认此车存在客户描述的不通信故障。选择车型菜单，再次选择发动机控制单元进行通信，发现除了发动机系统无法通信外，其他控制单元通信正常，包括安全气囊、ABS和中控门锁等。

在蓄电池旁边找到此车的发动机控制单元，可以看到该车发动机控制单元有3个插头，分别是灰色32针、棕色48针和黑色32针排列。发动机控制单元型号为ME7.4.4（图6-1）。

图6-1　发动机控制单元型号（ME7.4.4）

找到此车的发动机控制单元插头引脚说明，见图6-2。

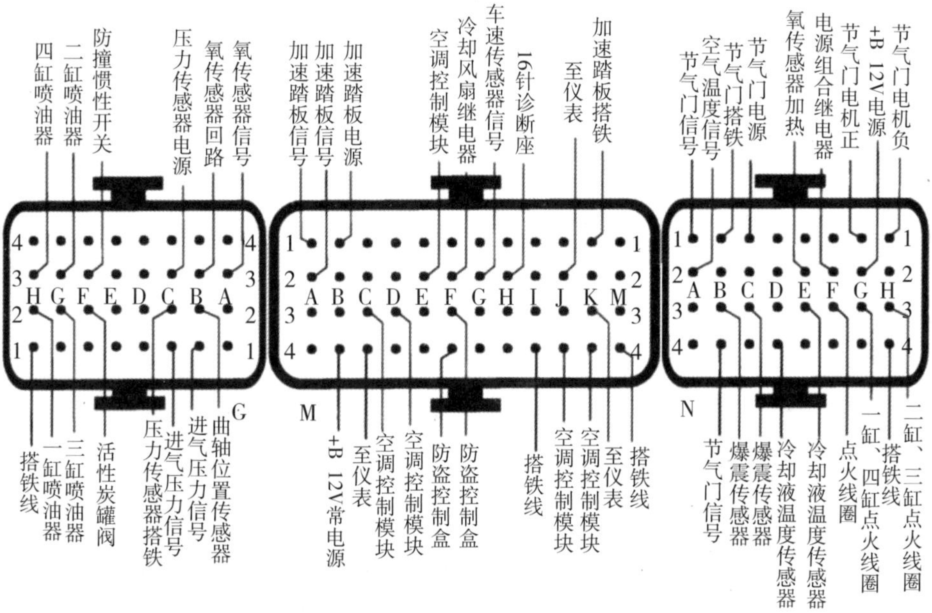

图6-2 发动机控制单元插头引脚说明

核对3个插头引脚数，与资料中显示一致。再根据48针插头的各个端子功能，找出H2引脚是通向OBD诊断座7号引脚的K线。用万用表测量发动机控制单元插头线束侧的H2引脚到OBD诊断座7号引脚的电阻，发现不导通。确认这就是不能通信的原因。

因为此车是双燃料车型，可以从另外的原理图上找到，通信线进入到天然气控制单元后，再通过天然气控制单元到OBD诊断座的7号引脚。因为车型老旧，客户急于检车，于是直接从7号引脚牵一根导线，到发动机控制单元的H2引脚处，然后用诊断仪通信试验，选择OBD菜单后，就可以正常通信了。

至此，排除不通信故障。

总结：

此车发动机控制单元与诊断仪不通信的故障是因为通信K线从发动机控制

单元到诊断座7号引脚之间存在断路。断路原因是诊断K线经过双燃料控制单元后，中间产生了断路。我们维修时可以直接牵一条导线连接控制单元和诊断座7号引脚。

这种车型我们共维修了3辆，都是一样的故障现象，使用上述处理方法可快速解决此车型不通信故障。

6.2 比亚迪F3检车时EOBD无法通信

车型：比亚迪F3。

故障现象：该车客户反映，此车到检测线上检车时，出现无法通信故障。到4S店检查没有问题，然后到我们店来维修。

故障诊断：接上诊断仪后，进行通信试验，发现可以通过选择比亚迪车型菜单的方法进入发动机系统，读取故障码和数据流功能正常。

我们经分析后认为，可能是OBD诊断座有问题，于是目视检查此车的诊断座，发现有轻微生锈现象。更换一个插头后，用我们的设备（两款不同品牌的综合型诊断仪）反复试验，仍旧是可以用车型菜单正常通信，选择OBD菜单却不能通信。

我们怀疑线路有问题，于是拆下发动机控制单元进行检查，发动机控制单元型号为MT22.1.1（见图6-3）。

图6-3 发动机控制单元型号（MT22.1.1）

对照电路图检查此车发动机控制单元的通信线路，得知38号引脚与39号引脚是CAN通信线。实际检查发现，此车的发动机控制单元插头线束端的39号引脚和38号引脚没有导线（应该是CAN通信线）。相关资料见图6-4。

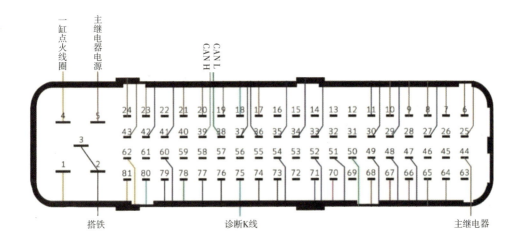

图6-4　发动机控制单元插头针脚说明

再次查阅资料，确认38号引脚是CAN L线，39号针脚是CAN H线，从这两个引脚上引出（找专用的带线的母端子）两根导线后，采用双绞线方法，连接到OBD诊断座的14号引脚（CAN L）和6（CAN H）号引脚位置上。再次用诊断仪选择OBD菜单时，通信恢复正常。

注意：

（1）增加的通信线要按要求绕成间距均匀的双绞线形式，以保证通信稳定。

（2）38号引脚是CAN L，39号引脚是CAN H，两根导线不要接反，否则不能通信，但不会烧坏控制单元。

■ 6.3　2017年江淮瑞风S3年检时OBD就绪未完成

车型： 2017年江淮瑞风S3，配置自动变速器。

故障现象： 此车至检测线检车时，被告知无法通过，原因是OBD检测项目中有超过3项未就绪项目。

故障诊断： 接车后，我们先用诊断仪进行检测，没有故障码。接着进行试车，以便确认有无未发现的故障。正常情况下，车辆的OBD就绪是需要进行路试的，或是在试验台上进行驱动试验才能完成。我们怀疑其没有严格遵守的路试方法，导致不能生成就绪项目。

发动机着车后，将车辆预热到正常工作温度（80℃左右），开始试车，试车10km后，再次读取就绪项目，见图6-5。

图6-5　就绪项目

在试车过程中，观察前氧传感器和后氧传感器的数据波形变化（图6-6）。

车辆匀速行驶时，前氧传感器信号电压维持不断地跳变，后氧传感器信号电压则在0.6V左右不变化。根据以往经验，这种变化规律说明三元催化器工作正常，起到了催化尾气中有害气体成分的作用。接着我们进行了一个急减速测试，抓取到的前氧传感器波形见图6-7。

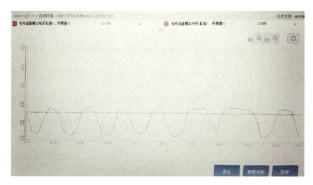

图6-6　数据波形

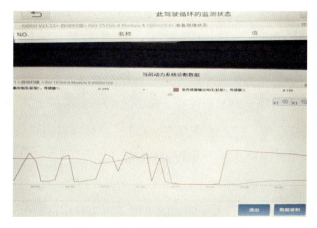

图6-7　急减速时前氧传感器波形

车辆在42.5s时进入急减速状态，这是因为发动机的断油功能引起前氧传感器信号电压跌到了0V左右，后氧传感器则在大约0.2s后才下降到0V，前后氧传感器的信号电压下降时间存在一个明显的时差，后氧传感器信号滞后。

前后氧传感器信号在急减速时产生时间滞后的原因，是因为三元催化器的储氧作用导致后氧传感器晚0.2s遇到断油工况的氧气。分析以上前后氧传感器信号电压的变化规律，我们认为此车的三元催化器有着正常的催化作用。

按照OBD生成就绪的行驶条件驾驶车辆，以70km/h和发动机转速2500r/min，匀速行驶5km后，再次读取就绪状况，发现仍存在无法就绪的问题，看来此车确实存在问题。根据数据流显示，三元催化系统工作正常，不应该出现无法就绪的问题，是因为缺少什么条件吗？

在试车过程中，我们看到一个异常现象：热车后水温表显示升高到了4格，经过行驶后水温表降到了2格。读取数据流中的发动机温度，显示已降至60℃。

我们查阅相关资料了解到，汽车的OBD就绪生成的先决条件是在正常水温下进行行驶，在行驶过程中发动机控制单元内部的相关程序会启动监测，对数据进行分析，达到条件后，会给出就绪完成的结果。当水温过低时，OBD就不会启动生成就绪程序。

据此，我们与客户沟通后，决定检查此车的节温器，因为发动机行车过程中水温过低的原因是冷却水提前进入了大循环。如果不是温度显示问题，就是节温器的问题。

经过拆检，发现此车没有安装节温器，安装一个新节温器后，当水温达到93℃时风扇开始转动，水温降到87℃时风扇停止转动，此时发动机水温并没有停止下降，而是水温降至85℃后停止下降，之后开始缓慢上升。从这个规律上看，节温器已工作正常。按上述要求进行试车，就绪项目顺利完成。

车辆上线检车并顺利通过，到此故障排除。

总结：

（1）该车OBD就绪项目无法完成的原因是因为行车过程中水温过低，由于水温过低，导致程序无法通过。水温过低的原因就是原车没有安装节温器，导致冷却水直接进入水箱大循环，最终导致发动机在行车中水温过低，引发上述故障。

（2）此车的节温器安装位置是有定位的，在节温器安装的外壳内，正上方有一个小孔是小循环水流，并且此车的节温器是偏心圆的，安装时要把节温器感温体转动到正下方位置，即节温器上的小孔在正上方位置，才能装入。如果不按此位置装入，放入相反方向孔内的话，是无法装到位的。

（3）此车是自动变速器车型，在试车过程中，需要将挡杆放到D挡后，向右扳动，进入手动换挡模式，才能使车辆保持在2500r/min左右不换挡，否则因为变速器不断换挡，会引起发动机转速不稳定，进而导致就绪无法生成。

■ 6.4 2011年一汽大众速腾因发动机故障灯点亮无法通过年检

车型： 2011年一汽大众速腾轿车，VIN码为LFV2A11KXB3117XXX，自然吸气发动机，排量为1.6L，型号为BWH。

故障现象： 年检时发现发动机故障灯点亮，发动机怠速工作平稳，行车时动力正常，没有其他明显的故障现象。

故障诊断： 来到我们修理厂，用诊断仪检测，进入大众车型菜单，读取到发动机系统存储了1个故障码，见图6-8。

这个故障码的解释不具体，什么是"次级空气系统"呢？我们不能确定，到底是哪一部分的流量错误呢？换用OBD菜单进入后，得到的解释见图6-9。

图6-8 故障码1

图6-9 故障码解释

看到这个解释我们就明白了，其可能是二次空气喷射系统出现故障。二次空气喷射泵的工作原理如下：当冷车启动着车后，因为燃油在冷态下蒸发性变差，会导致混合气中燃油雾化不良，引起排放中的CO和HC超标，为了降低冷车启动有害物的排放，二次空气喷射系统利用电机带动空气泵，将新鲜空气喷入排气管，让没有彻底燃烧的燃油，即HC成分和缺氧燃烧生成的CO再次在排气管内燃烧。利用高温能使上述两种有害物质燃烧，最终变成无害的气体CO_2和水蒸气排出排气管，达到降低排放有害物质的目的。

此装置仅在冷车启动时工作，OBD排放监控系统会监控它是否工作正常，如果发现该系统工作不正常，就会点亮故障灯，存储相应的故障码，提醒驾驶员尽快维修。

此车故障灯正是由于这种原因被点亮的。发动机室中二次空气喷射泵的安装位置见图6-10。

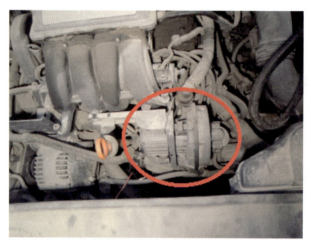

图6-10　二次空气喷射泵的安装位置

将二次空气喷射泵插头拔下，用万用表检测二次空气喷射泵电机的电阻为40kΩ。正常情况下，这个电机的电阻在10Ω以下，它的工作电流在20～40A之间。为了更准确地判断故障，再用一个辅助蓄电池给二次空气喷射泵电机直接送电，发现电机不转动，可确认是二次空气喷射泵损坏。根据以往的经验，该泵损坏的原因是与它连接的单向阀损坏，此阀损坏后，会有排气中的冷却水进入二次空气喷射泵电机，最终导致二次空气喷射泵损坏。

我们更换二次空气喷射泵及单向阀后，清除故障码，发动着车，再次读取故障码，显示系统正常。

接着针对排放验车的试车，以80km/h的速度行车，尽量减少急加速，5km后，再次观察OBD就绪项目，状态为已经就绪。到此故障排除。

车辆在检测站一次性通过检测。

总结：

此车故障是因为二次空气喷射泵损坏导致的，OBD系统监测到该系统工作不正常后，存储故障码，点亮发动机故障灯，通过更换二次空气喷射泵和机械阀后可排除故障。

6.5　2023年广汽传祺M8发动机故障灯点亮

车型：2023年广汽传祺M8，行驶里程为100795km，油电混合发动机，排量为2.0T，型号为4B20J2，缸内直喷发动机，E-CVT无级变速器。

故障现象：发动机故障灯点亮。用诊断仪读取故障码，有1个故障码（图6-11）。

图6-11　故障码

客户描述故障发生前曾加过小加油站的汽油，其故障可能是燃油品质不佳造成的。拆下前氧传感器后，用内窥镜观察三元催化器载体表面情况（图6-12），可以看到表面有黑色点状的积炭，因此我们怀疑就是这些沉积物影响了三元催化器的工作效率。用专用的药剂进行清洗后，检测排放成分（表6-1）。

分析表6-1中的数据，CO为0.06%，HC为1.0×10^{-6}，NO为$1 \times 10^{-6} \sim 2 \times 10^{-6}$，$CO_2$为15.00%，这说明发动机燃烧质量很好，空燃比也在正常范围内，排放合格。

用诊断仪清除发动机系统故障码，经过几天的行驶，此车故障灯没有再次点亮，确认故障排除。

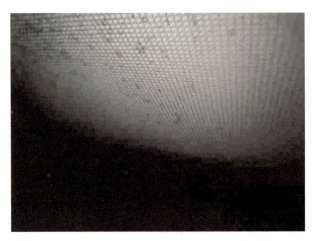

图6-12　三元催化器载体表面

表6-1　尾气排放检测数据

项目	CO	HC	NO	O_2	CO_2	λ
高怠速	0.06（0.30）	1.00（30.00）	1.00（9.00）	0.60（1.40）	15.00（0.00）	1.02（0.98~1.03）
低怠速	0.06（0.40）	1.00（40.00）	2.00（11.00）	0.99（3.00）	15.00（0.00）	1.03（0.98~1.03）

总结：

（1）此车故障是因为劣质燃油导致三元催化器表面被积炭污染，引起三元催化器工作效率低。

（2）清洗三元催化器后，用尾气数据分析清洗效果，证明三元催化器工作恢复正常。

6.6　2011年丰田凯美瑞尾气超标

车型：2011年丰田凯美瑞，排量为2.0L，已经行驶约100000km。

故障现象：此车在进入市区路口的红外线式道路监测尾气排放设备时，显示屏上会显示尾气排放超标。此车也快到年检时间了，所以车主到我们修理厂，要求检测一下实际尾气排放情况。

该车客户反映，此车正常保养，定期更换机油，平时用车只在大型加油站加油，没有使用过劣质燃油。按使用条件讲，不应该出现这样的故障。与客户交流后，决定对该车尾气进行检测，以确定是否真的存在尾气超标故障。

打开尾气分析仪，预热10min后，用双怠速方法进行检测，实际数据见图6-13。

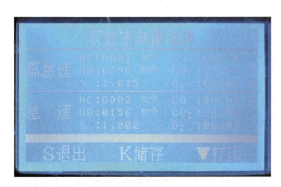

图6-13 尾气成分1

此车的排放气体中，HC和CO两种有害气体排放合格，而NO为398×10^{-6}，排放明显过多。

因为我们修理厂没有底盘测功机，只能采用双怠速方法检测尾气排放，但双怠速对于NO_x没有限制，只能通过自己的经验，给出粗略判断。根据我们的经验，正常车辆采用双怠速方法检测时，氮氧化合物排放应该在50×10^{-6}以内。所以，我们判断此车的排放确实偏高。

一般NO_x排放偏高的原因主要有两方面：一方面是产生的NO_x过多（具体原因可能是EGR阀损坏或缸内积炭过多，导致缸压过高，引起排放高）；另一方面是三元催化器的催化作用变小了。这辆车到底是哪一方面的原因，我们需要进一步检查。

用诊断仪检测发动机控制系统，读取故障码，显示系统正常，无故障码。长期燃油修正也在正常范围内，没有混合气调节方面的故障。

经过查找资料，确认此车没有配备EGR装置，所以也不存在EGR控制系统失效的可能。发动机水温也在正常范围内，因此我们怀疑缸内积炭增多导致了缸压升高，引起NO$_x$排放过多。用内窥镜观察缸内积炭情况，发现有明显积炭，给客户的燃油箱内加注了免拆型积炭清洗剂后，让客户行车200km，再次检测尾气，发现尾气排放成分没有明显变化，尤其是NO$_x$的排放量仍偏高。

于是，我们拆下前氧传感器，用内窥镜观察三元催化器的表面情况，经过观察，我们发现三元催化器表面有明显积炭，使用专用药液进行清洗后测量尾气成分，见图6-14。

再用专用药液对三元催化器进行还原喷涂，完工后检测实际数据，见图6-15。

从数据中可以看到，NO在怠速时为1×10^{-6}，在高怠速时为4×10^{-6}，其他两种气体——HC和CO的排放均远低于国家排放标准，我们判断该车可以通过检测线的检测。

图6-14　尾气成分2

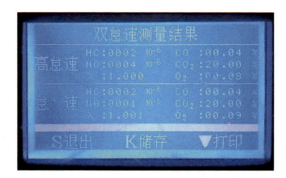

图6-15　尾气成分3

交车后，客户开车至检测线检车，排放检测一次性达标。

总结：

（1）此车尾气中NO_x排放过高的主要原因是三元催化器表面积炭过多，导致排气通过三元催化器时，不能与其表面的活性物质接触，使其催化能力下降，通过专用药液的清洗与还原，恢复了三元催化剂表面的洁净程度和原车处理尾气的能力，维修成功。

（2）NO_x生成的条件是高温、高压、富氧（有过多的氧气参与燃烧），此车的维修过程表明，产生的NO_x基本在正常范围内，只是催化器没有有效催化，导致其直接排出，污染了大气。

■ 6.7　帮学员诊断的案例——2008年标致206排放超标且发动机故障灯点亮

车型： 2008年标致206，排量为1.4L，自然吸气发动机，手动变速器，已经行驶约100000km。

故障现象： 发动机排放量过高，去检测站检车时，无法通过排放检测，并且发动机故障灯点亮。

故障诊断： 经过检查，发现前氧传感器损坏，此车没有后氧传感器，更换前氧传感器以后，给燃油箱内添加新汽油和清洗积炭的添加剂，经过20km试车，尾气数据好转，一氧化碳和碳氢化合物下降到正常水平，但氮氧化合物升高超标。此后，又更换三元催化器载体，效果不佳。

NO的含量见表6-2：高怠速时的含量由96.80×10^{-6}升至240×10^{-6}，怠速时的含量由51.20×10^{-6}上升到116×10^{-6}。再更换一个原车的（正常检车通过的）三元催化器和氧传感器，数据中仍旧显示氮氧化合物明显超标，同时二氧化碳值偏低，氧气偏高。

多次维修的数据记录见表6-2。

为了排除故障，找到一辆同样的车，将该车上正常使用的三元催化器和喷油器拆下来，安装到故障车上，测量尾气数据，见表中第5列，排放情况不但没有好转，反而更严重了。此时，学员找不到诊断思路，故联系到我们。我们收集每次维修过程中的数据，整理成了表6-2。

表6-2 数据记录表

尾气成分	维修前	换氧传感器后试车20km	更换三元催化器载体	更换二元催化器和喷油器	更换汽油
CO	4.96	0.01	0.01	0.03	0.03
HC	130	26.70	25	1.90	15.6
NO(10^{-6})	1.00	96.80	240	114	18
O_2	0.02	0.77	4.01	2.68	0.05
CO_2	11.04	13.99	11.92	12.42	14.23
λ	0.85	1.03	1.23	1.15	1.00
CO	3.05	0.03	0.03	0.08	0.06
HC	180.8	15.90	32	2.00	7.90
NO(10^{-6})	1.00	51.20	116	57.4	2.00
O_2	0.73	1.38	3.21	2.53	0.32
CO_2	11.86	13.46	12.43	12.40	14.04
λ	0.93	1.07	1.17	1.13	1.01

针对表格中的数据，分析如下。

横向对比这几次维修中的数据，第一次维修时，排放效果最好，但是稍偏稀，第2次维修后排放开始变差，是这几次维修中排放最差的，第3次维修好一点，但也没有回到第一次维修时的排放水平，这主要是针对CO_2降低方面而言的。

第3次维修数据：CO和HC都很低，说明混合气偏稀；O_2偏高，λ值偏高，说明混合气稀；CO_2低，说明燃烧质量差，并且高怠速和怠速均符合这个规律。

于是，我们跟学员沟通，请他们确认以下几个问题：燃油滤清器有没有更换？燃油压力是否过低？缸内积炭清理情况如何？火花塞检查了吗？第一次换的氧传感器换回去是不是更好？

建议：

（1）把第一次换下来的氧传感器再换回去试一下。

（2）如果上述操作不能解决问题，要拆下前氧传感器，拔下插头，三元催化器达到正常工作温度后，测量尾气成分，然后拧上传感器，不插插头，测量尾气成分。

（3）有示波器的话，测量一下三元催化器在正常工作温度下和发动机转速在2500r/min时氧传感器波形。

（4）东风雪铁龙标致车的节气门匹配比较麻烦，需要原地怠速热车，直到风扇转动。但在北方地区，从冷车到热车怠速时间过长，应考虑将车放到烤漆房升温后，再进行上述节气门匹配。

（5）了解三元催化器的价格是否正常。

（6）测量燃油压力。

第2天，学员按以上提示先进行了节气门的匹配，但没有效果。

我们经过与同事沟通，发现此车在进行了第一次维修后，他给燃油箱里面加了一瓶进气系统积炭清洗剂，由于沟通不到位，另外一个同事又加了一瓶，因此，由于燃油箱内清洗剂浓度过高，导致燃烧出现了问题。此时，正好燃油箱内的油烧完了，重新加注新汽油后，试车，数据见表6-2。此时，发动机燃烧恢复正常，有害气体排放降到了正常水平。

第3天，车辆上线检测并顺利通过了检测。

总结：

（1）此车故障是人为故障，维修过程比较坎坷，故障原因是燃油中添加剂浓度过高导致排放升高。

（2）引起排放升高的原因有3大类，分别为汽油品质、发动机机械和电控系统。对于燃油品质问题，我们没有有效的检测手段，此类问题往往难以验证，可行的办法只有采用替换法。当我们忽略了燃油品质，往往会使维修进入困境。

（3）此故障的特点是3高1低，具体讲就是NO高、O_2高、λ高、CO_2低，类似于混合气稀的表现。

6.8　2015年东风风神AX7发动机缺缸

车型：2015年东风风神AX7，排量为2.0L，4缸自然吸气发动机。

故障现象：该车准备年检时，仪表上的故障灯点亮了，于是客户到A修理厂维修。维修人员发现，着车状态下发动机明显抖动，手摸排气管出口的气流，可以感受到发动机缺缸。

该车需要维修的故障是发动机故障灯点亮且有缺缸抖动现象。经过诊断发现，刚着车时发动机工作平稳，着车一段时间后，出现怠速抖动现象，这是很典型的发动机缺缸故障。A修理厂维修人员经过初步诊断，发现是3缸喷油器不喷油了。更换火花塞后，仍不起作用，又换回了原来的火花塞。之后，A修理厂维修人员怀疑是发动机控制单元或相关线路出现故障，请我们来维修发动机控制单元。

故障诊断：接车后确认故障，发动机在刚启动着车时，怠速平稳，半分钟后开始抖动。测量故障码，显示3缸失火。用示波器测量3缸喷油器的波形，发现3缸喷油器波形变成一条14V的直线。熄火后再重新着车，此时发动机工作平稳，可以用示波器测量到正常的波形。当发动机开始抖动时，波形变成一条14V的直线。正常工作的波形见图6-16。

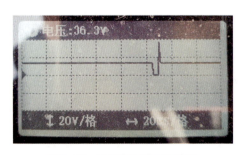

图6-16　3缸喷油器工作波形

至此，我们确认发动机缺缸故障确实是由于不喷油导致的，但并不一定是发动机控制单元或喷油器线路故障。原因如下：在排放标准为国4以上的车上，OBD系统如果发现某个气缸做功时的加速度不够时，即判定为失火。当失火次数超过标准时，就会报故障码。同时为了避免喷入发动机的燃油引起排放升高，也为了防止未燃烧的燃油进入排气管再次燃烧并烧坏三元催化器，发动机控制单元就会主动切断该缸的喷油，直到关闭点火开关并再次启动着车。

关闭点火开关重新启动着车后，系统会恢复失火气缸的喷油，直到再次监控到该缸出现失火计数超过标准值，系统会重新切断该缸的喷油。

此车的电控系统型号见图6-17。

图6-17　电控系统型号

根据对失火监控项目的分析，我们同时跟前一位维修人员沟通，了解到为了排除此车故障，已经更换过火花塞和点火线圈，对调过喷油器，但发动机电控系统始终报3缸失火故障码。他还告诉我，此车的3缸实际上是2缸，他已经验证过，拔掉2缸的喷油器显示的故障码是3缸喷油器线路故障。

我们也确认了这一点，原来此车的1缸指的是飞轮一侧的气缸，曲轴皮带轮一侧的是4缸，也就是说此车气缸排列顺序与我们常以曲轴皮带轮一侧为1缸的习惯相反。发动机见图6-18。

有了以上的诊断思路，我们把故障诊断方向确定为查找导致3缸做功不良的原因，如点火、喷油器和气缸压力不足。

图6-18　发动机

　　经过检查，我们发现一处点火线圈插头端子变形，比较松。使用专用的端子测量工具测试后确认其为接触不良。更换一个新插头后，启动着车试验，经较长时间后发动机仍工作平稳，没有出现缺缸现象，认为故障已经排除。

　　第2天，客户取车离开后再次将车辆开了回来，反映发动机缺缸故障现象重新出现。将车辆启动着车，怠速运转，经过半小时原地怠速试车，故障没有再次出现。开车路试时，在匀速加速状态，动力有轻微抖动。回厂后，用诊断仪读取故障码，发现有3缸失火的故障码，但仪表上的发动机故障灯没有点亮，此时也没有明显的缺缸表现。

　　是不是喷油器或点火线圈的驱动电路，以及中间过渡插头接触不良，导致产生失火故障呢？此车的电路图显示，从点火线圈和喷油器到控制单元之间没有过渡插头，因此线路中间出现接触不良的可能性不大。

　　至此，我们怀疑3缸的进气管存在真空漏气情况，用烟雾检漏仪检查进气管，没有发现漏气的地方。观察曲轴箱通风管，发现其连接到了进气总管上，并不会单独影响3缸。我们判断3缸失火的原因不在电路上，也不在进气上，点火和喷油控制电路正常，可能是3缸存在压缩方面的机械故障。

拆下火花塞，用气缸压力表测量缸压，气缸压力见图6-19和图6-20。

图6-19 气缸压力测量1　　　　图6-20 气缸压力测量2

1缸、2缸和4缸压力在1000～1050kPa之间，而3缸压力仅为600kPa，看来此车存在缸压低的故障，至此故障诊断完成。此车3缸失火是因为气缸压力不足引起的。

拆检发动机后，发现故障是由3缸气门漏气导致的。经过更换气门后，故障排除。

总结：

（1）此车故障是由气门漏气导致的。因为气门漏气，导致3缸做功比较弱，当发动机控制单元检测到3缸做功瞬间加速度不够时，就会切断此缸的喷油，以降低排气对大气的污染，同时保护三元催化器不被烧坏。

（2）在诊断过程中，即使仪表上的发动机故障灯没有点亮，其实发动机控制单元内部已经识别到3缸存在失火故障，此时可以用诊断仪读到故障码"3缸失火"。如果故障继续往严重方向发展，失火计数在规定时间内超过标准时，才会点亮故障灯。以后遇到类似问题，要注意同时读取故障码，不能仅关注发动机是否明显缺缸这一故障现象。

（3）此车的发动机气缸顺序是以飞轮侧为1缸，依次为2缸、3缸、4缸。这个问题要引起注意，防止误判。

（4）失火监测这一功能是很灵敏的，我们可以用示波器观察曲轴位置传感器的波形，再通过示波器的"数学通道"功能找到做功时的加速度信号。

■ 6.9 如何使用尾气分析仪快速判断缸垫是否损坏

如果你有尾气分析仪，千万不要把它的作用仅限于测量尾气成分。在我们日常维修工作中，它还可以应用在其他方面。下面以某修理厂维修的一辆2017年广汽传祺GS7为例进行说明。它的铭牌见图6-21。

图6-21　铭牌

此车反复出现发动机水温过高故障，并且消耗冷却液，维修人员怀疑是缸垫损坏。如何准确判断故障是否为缸垫损坏是个难题，判断错了拆缸垫需要较长的时间和不小的费用，所以要谨慎才行。于是，他们找我来进行检测，我们用下面的方法进行检测，准确快速地判断出问题为缸垫损坏。

我们将尾气分析仪的取样管靠近溢水壶口，然后打开尾气分析仪10s后，尾气分析仪上的测量数据见图6-22。

视频二维码

图6-22　测量数据

HC的含量上升到了156×10^{-6}，CO_2的含量上升到了0.16%，这说明从溢水壶出口处测量到了明显的HC及CO_2。这些气体从损坏的缸垫缝隙中漏到了冷却系统，最后从溢水壶中排出。依据此数据可以准确判断故障为缸垫损坏。更换下来的缸垫见图6-23。

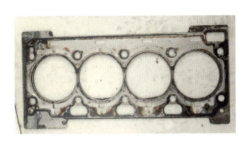

图6-23　更换下来的缸垫

我们从图片中可以明显看到缸垫被冲坏的痕迹。使用此方法的好处是快捷准确，而你只需要有尾气分析仪即可。我们在日常维修中经常应用这个方法。下面是另一辆车的情况，此车我们也怀疑存在缸垫损坏问题，因此测量了溢水壶中的尾气成分，见图6-24。

图6-24　测量的气体数据

该车辆同样也从溢水壶处测量到了HC，但其实这辆车的缸垫没有问题。这是一辆2010年速腾，虽然从溢水壶处测量到了HC，但它的含量太少。大家会提出疑问，再少也是缸垫漏过来的。为什么不是缸垫损坏呢？尾气分析仪是一个高精密的气体成分分析仪，HC的单位是10^{-6}，这是百万分之一的意思。在我们车间的整个空间中，因为其他车辆的排气会含有HC成分，所以我们测量到的是空气中残留的HC，而不是缸垫损坏后排出的。请大家注意区分，以免造成误判。

最近又有一辆长城风俊出现了类似的问题，测量发现，溢水壶处的HC成分达到了76×10^{-6}，通过此数据判断缸垫冲坏，并且此车的发动机机油有乳化现象。拧开水箱盖且启动时水箱喷冷却液，由此确诊缸垫损坏。

在测量时一定要避免冷却液被吸进尾气分析仪的取样管，这样会损坏尾气分析仪。

总结：

（1）关于通过测量气体成分判断缸垫是否损坏的方法，一般来讲，我们的经验数据是HC成分超30×10^{-6}以上，表明缸垫损坏。实际操作时，可以先测量一下周边空气的HC含量，这样更准确。

但有一个特殊的情况，就是有些使用天然气的车，因为减压阀内部膜片产生泄漏，也会导致溢水壶内有压力且HC较高，大家要注意这种情况以避免误判。

6.10　捷达因水温传感器损坏致尾气超标

车型：捷达（两阀）轿车，手动变速器，已经行驶约120000km。

故障现象：该车至检测站检车时，尾气检测无法通过。该车行车时没有异常现象。

故障诊断：用诊断仪检测，有如下几个混合气方面的故障码。

16825，偶发，蒸发排放控制系统流量故障。

16995，偶发，制动开关，信号不明确。

16556，偶发，燃油调整第一列系统太浓。

清除故障码后，显示系统正常。清洗节气门及喷油器后，数据有所好转，但还是明显超标。检查发现高压线断路，更换后数据仅轻微好转（表6-3），没有解决根本问题。

为了使发动机达到一个理想状态，从根本上解决发动机燃烧效率低、排放

表6-3　尾气成分

项目	成分	检测站数据	维修前	清洗喷油嘴	换高压线后	换水温传感器
高怠速	HC	121	46	74	25	9
	CO	0.79	0.25	0.60	0.4	0.19
	NO	—	67	57	7	2
	CO_2	—	16.76	17.84	18.44	17.78
	λ	—	0.990	0.984	0.990	0.997
	O_2		0	0	0	0
怠速	HC	177	39	119	65	23
	CO	1.04	0.38	0.82	0.69	0.21
	NO	—	9	19	4	1
	CO_2	—	16.53	17.07	17.86	17.56
	λ	1.01	0.989	0.973	0.982	0.994
	O_2	—	0	0.00	0	0

高的问题，进一步检查后发现在检测尾气的过程中，CO的值一直不稳定。与其他车相比，高低变化范围比较大。再进一步观察氧传感器的数据变化规律，没有发现问题。观察长期修正和短期修正，也没有发现问题。

在着车状态下，观察数据流中水温的变化，发现当发动机从冷车时起，温度逐渐上升，但升至64℃时，就一直在64℃左右不再上升，即使散热风扇开始转动时，水温最高也只能达到64℃。

因为一般风扇工作时的温度为95℃左右，因此怀疑此车的水温传感器损坏。更换水温传感器后着车试验，随着时间的延长，水温升到了95℃，此时散热风扇开始动转。从数据流上看，水温数据恢复正常。再次用尾气分析仪检测尾气，测量结果已经明显低于国家标准。交车后，此车检车时顺利通过尾气检测。

总结：

（1）此车故障由多种原因造成，其中水温传感器参数劣化是尾气排放超标的主要原因。因为没有故障码的提示，给维修工作带来不少困难，属于疑难故障。尾气分析仪在维修工作中提供的数据为我们的诊断指明了方向，帮助我们很快地缩小了故障范围，排除了这起疑难故障。

（2）因为水温传感器不能真实反映发动机的工作温度，使发动机控制单元计算出的喷油时间过长，造成混合气过浓，进而使排气中的CO值上升。如果没有仔细观察排气中CO值的变化范围，以及水温传感器在数据流中的反映，则有可能漏掉这一故障原因。假如水温传感器完全损坏，发动机控制单元会存储相应的故障码，反而更容易发现。所以此车故障是尾气分析仪和诊断仪的配合应用，再加上工作人员的认真分析，最终找到了故障原因。维修人员不仅使发动机的排气达到国家标准，更降低了发动机的油耗，在保护环境的同时也为客户节省了费用。

（3）我在检修尾气的过程中发现过很多这样带"病"运行的车辆，驾驶员在驾驶过程中很难发现问题。这样既增加了车辆的用车成本，又污染了环境。尾气分析仪作为一个检验发动机燃烧效率的仪器，可以让我们迅速了解发动机的燃烧效率。

■ 6.11　2010年捷达尾气超标

车型： 2010年捷达，手动变速器，已经行驶约100000km。

故障现象： 该车去检测线检车，被告知尾气中CO超标。来我厂维修，要求将尾气排放超标故障排除。

故障排除： 接车后，先用尾气分析检测尾气，数据见图6-25。

分析尾气中的数据，怀疑此车混合气调节出现故障。上述数据的特点是怠速时尾气基本正常，高怠速时CO明显偏高。一般情况下，这种故障大多是由进气系统积炭过多引起的。拆下进气管进行检查后发现，此车的进气门背部比一般车干净，几乎没有积炭，而进气管与缸盖接合部的出口处有较多积炭。进行清理后，把喷油器放到超声波清洗机上进行清洗，清洗前后分别用显微镜（放大40倍）进行观察，实际情况见图6-26和图6-27。

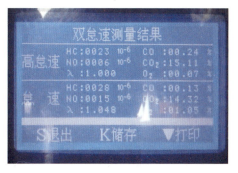

图6-25 双怠速法测量结果（清洗前）

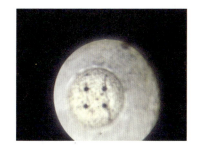

图6-26 喷油器（清洗前）

图6-27 喷油器（清洗后）

通过以上观察结果我们可以看到，清洗前后效果明显，喷油器出口积炭明显被清掉了。清洗前积炭位于喷油器出口处，影响了喷油的油雾质量。进行完以上清洗后，我们装好进气管和喷油器，并再次用尾气分析仪检测尾气成分，其结果见图6-28。

我们把上述结果整理后制成表格，见表6-4。

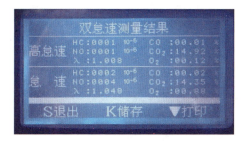

图6-28 双怠速测量结果（清洗后）

表6-4 尾气分析

高怠速	维修前	维修后	怠速	维修前	维修后
HC（10^{-6}）	23	1	HC	28	2
NO（10^{-6}）	6	1	NO	15	4
CO（%）	0.24	0.01	CO	0.13	0.02
CO_2（%）	15.11	14.92	CO_2	14.32	14.35
O_2（%）	0.07	0.12	O_2	1.05	0.88
λ	1.000	1.000	λ	1.048	1.040

从表6-4中的数据可以明显看到，高怠速和怠速状态下的CO有了明显下降，都回到了正常状态，这说明清洗进气管和喷油器积炭效果显著，该车的尾气排放已经降到了正常范围内，故障排除。

总结：

（1）此车排放超标故障是由进气管积炭过多和喷油器积炭过多引起的。有了显微镜的辅助，可以让我们直观地看到清洗喷油器的效果，并且维修前后的数据也证明了清洗是有效的。

（2）此车进气门背部较干净，与该车保养条件有关。此车经常使用燃油添加剂，说明添加剂对清理积炭是有一定效果的，但还是解决不了喷油器出口处的积炭。

（3）超声波清洗喷油器是一项有效的保养，应该定期进行，建议客户每30000～40000km清洗一次。通过清洗可以明显降低排放，并且燃油充分燃烧有利于节省燃油。

6.12 2021年东风风行M7尾气超标无法通过年检

车型：2021年风行M7，国6排放，1.8T发动机，前后氧传感器，双燃料油气两用。

故障现象：维修之前，经过初步检查，发现原车的三元催化器和GPF颗粒捕捉器损坏后都没有安装新的替换件，前氧传感器损坏，进气压力传感器损坏。

第一次维修：更换前后三元催化器和前后氧传感器，用吊瓶清洗喷油器并清洗了节气门，更换了火花塞。

第二次维修：增加一个三元催化器，并再次更换后氧传感器，3天后再次测量的CO值为0.06，正常。去掉空气滤清器及进气管进行检查，发现中冷器里面有少量机油。清洗进气道，加两瓶清洗进气道和燃烧室的添加剂后进行试车，客户用掉一箱油后再次回来检测。

第三次维修：车辆至检测站测出NO超标，其他成分排放正常，怀疑三元催化器有问题。更换前三元催化器和前氧传感器。拆掉排气管后，用尾气分析仪检测，发现NO确实超标，HC成分也超标。

第四次维修：检测发现冷车时HC超标，热车时NO超标。拔掉涡轮管后NO超标，装上后HC超标。拔掉节气门插头和VVT轮插头，怠速时所有数据正常，高怠速时排气管漏氧气，设备自动中止了测试。

维修人员把之前每次检测的尾气结果制成表格，见表6-5。

表6-5　维修数据

尾气成分	维修前	第一次	第二次	第三次	第四次
高CO（%）	0.45		0.06		0.02
HC（10^{-6}）	161	5.31	201	5.7	14.1
NO（10^{-6}）	231	87	10	65.3	89
O_2（%）	1.16	0.98	0.17	0.45	1.06
CO_2（%）	14.05	13.78	13.92	10.33	14.11
λ	1.03	0.99	0.99	1.04	1.07
低CO（%）	0.15	0.07	0.03	0.02	0.02
HC（10^{-6}）	106.77	8.9	201	1.6	6.93
NO（10^{-6}）	107.93	22.34	6.63	6.13	4.9

尾气成分	维修前	第一次	第二次	第三次	第四次
O_2（%）	1.47	1.37	0.28	0.35	0.47
CO_2（%）	14.01	13.85	13.92	10.42	14.48
λ	1.06	1.06	1	1.02	1.01

表格中最右侧的数据有以下规律：NO高、O_2高、λ值高，也就是说混合气稍微偏稀，或废气再循环装置失效，或VVT控制错误。CO_2值为13.86%，这个值基本正常，说明燃烧质量没有大问题。本次重新测量一下，看看是否还是这个特点。

经过半天的检查，维修人员找到问题了。此车更换过VVT轮，当时因为没有固定曲轴的工具，只卡住凸轮轴而没有顶死曲轴，最终检查确认故障是排气凸轮早了20°左右。调整VVT轮后，车辆上线检车并顺利通过检测。

总结：

（1）此车NO超标的原因是由排气VVT凸轮正时错误引起的。排气VVT凸轮没有对正，导致排气门晚关，引入燃烧室的废气不足。相当于EGR阀的作用不够而造成燃烧温度过高，所以排出的NO超标。

（2）当我们遇到复杂问题时，要学会抓住主要矛盾进行分析。尤其是多次维修的车辆，记录每一次的尾气数据非常重要。多次维修中，哪一次是有效的，哪一次是无效的，甚至使燃烧质量变差了，这些都可以从尾气数据中看出来。通过前文中的表格，我们可以纵向分析本次维修的燃烧质量，横向分析对比维修前后的变化，看哪一次维修是有效的，哪一次维修是无效的，最终通过维修项目找到故障点，进而排除故障。

6.13 奇瑞旗云2尾气超标

故障现象：该车因为尾气超标，检车时无法通过检测。

故障诊断：用诊断仪检测发动机系统，读取故障码，显示系统正常，没有故障码（可能是我们接手前故障码被清除掉了），说明发动机系统没有明显的电控系统电路故障。查看数据流，发现后氧传感器信号电压变化幅度较大。

维修前，用尾气分析仪检测的结果见图6-29。

图6-29　尾气数据1

检测结果表明，该车的NO排放很高，高怠速时为339×10^{-6}，怠速时为95×10^{-6}；CO偏高，高怠速时为0.34%，怠速时为0.28%。

为了准确判断三元催化器是否有问题，我们可以用示波器观察后氧传感器波形。但有一个前提条件，就是要对三元催化器进行充分预热，即在水温达到正常温度后，提高发动机转速至2500r/min，持续40s，让发动机排出的高温高速气流加热三元催化器至300℃以上，此时再接上示波器检测后氧传感器波形（图6-30）。

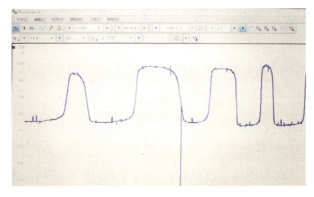

图6-30　后氧传感器波形

从波形上可以看到，后氧传感器的电压变化幅度为最低0.1V，最高0.7V。很明显，这是一个三元催化器损坏的现象。因为三元催化器损坏后，没有催化器的储氧作用，导致后氧传感器与前氧传感器的变化幅值和速度接近。

结合排放成分分析后，确诊此车故障是由三元催化器损坏引起的。与客户沟通后，我们更换了一个三元催化器并再次检测了尾气（图6-31）。

图6-31　尾气数据2

从尾气数据上看，其有以下3个方面的变化。

（1）CO数据变小了，由原来的0.3%变成了现在的0.03%。

（2）NO数据变小了，由原来的339×10^{-6}变成了现在的60×10^{-6}。

（3）CO_2升高了，说明发动机的燃烧质量提高了，由原来的高怠速时的18.46%和怠速时的17.74%，变成了现在高怠速时的18.68%和怠速时的17.90%。排放中的有害气体明显变少，三元催化器有了正常的催化作用。

故障排除后车辆上线检车，顺利通过排放检测。

总结：

（1）此车故障为三元催化器损坏，导致排放中的CO和NO气体超标、无法通过检车。用示波器观察后氧传感器波形，可以快速准确判定故障为三元催化器损坏。

（2）科学的诊断和必要的设备，再加上丰富的经验，才会有精准的诊断。有了精准的诊断，在治理尾气超标时，才能尽量为客户省钱，避免不必要的费用，用最少的代价解决问题。

6.14 2010年现代瑞纳尾气超标

车型：2010年现代瑞纳，配置1.4L发动机和手动变速器。

行驶里程：约135000km。

故障现象：尾气超标。

故障诊断：接车后，直观感觉此车发动机怠速运转平稳，尾气有轻微异味。用诊断仪读取故障码，显示系统正常。图6-32为测量得到的尾气数据。

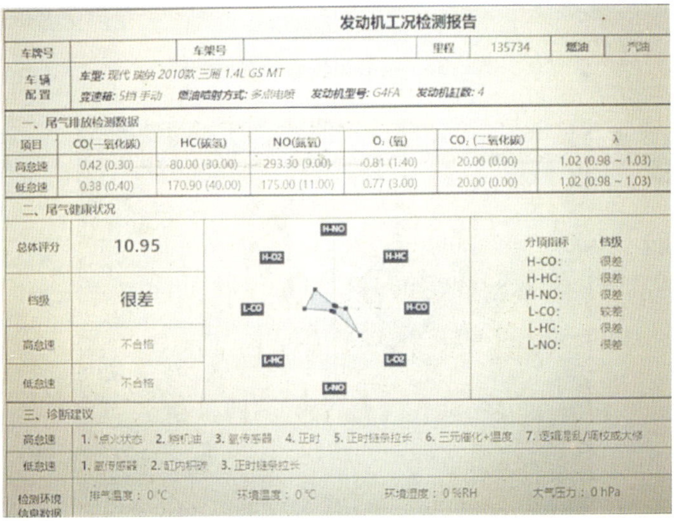

发动机工况检测报告

车牌号		车架号		里程	135734	燃油	汽油
车辆配置	车型：现代 瑞纳 2010款 三厢 1.4L GS MT 变速箱：5挡 手动 燃油喷射方式：多点电喷 发动机型号：G4FA 发动机缸数：4						

一、尾气排放检测数据

项目	CO(一氧化碳)	HC(碳氢)	NO(氮氧)	O_2(氧)	CO_2(二氧化碳)	λ
高怠速	0.42 (0.30)	80.00 (30.00)	293.30 (9.00)	0.81 (1.40)	20.00 (0.00)	1.02 (0.98 ~ 1.03)
低怠速	0.38 (0.40)	170.90 (40.00)	175.00 (11.00)	0.77 (3.00)	20.00 (0.00)	1.02 (0.98 ~ 1.03)

二、尾气健康状况

总体评分	10.95
档级	很差
高怠速	不合格
低怠速	不合格

分项指标	档级
H-CO:	很差
H-HC:	很差
H-NO:	很差
L-CO:	较差
L-HC:	很差
L-NO:	很差

三、诊断建议

高怠速	1. 点火状态 2. 烧机油 3. 氧传感器 4. 正时 5. 正时链条拉长 6. 三元催化+温度 7. 逻辑混乱/需校或大修
低怠速	1. 氧传感器 2. 缸内积碳 3. 正时链条拉长
检测环境信息数据	排气温度：0 ℃ 环境温度：0 ℃ 环境湿度：0 %RH 大气压力：0 hPa

图6-32 尾气数据1

从数据来看，有3项有害气体含量过高。在长期修正数据达到4.5%之后，使用诊断仪读取数据流，前后氧传感器数据波形见图6-33。

从后氧传感器的信号电压变化来看，其数值明显偏高，且变化速度过快，由此可知三元催化器损坏的概率较大。

拆下前氧传感器后，用内窥镜观察三元催化器内部（图6-34）表面情况。

很明显，三元催化器内部中间被烧穿了一个孔，这很可能是尾气超标的原因，毕竟大部分废气未经三元催化器处理就直接排出来了。

进一步检查发现，火花塞电极有明显烧损，需要更换火花塞。再用内窥镜从火花塞孔观察活塞顶部积炭情况，见图6-35。

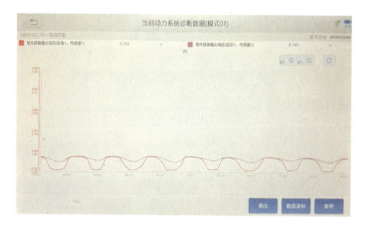

图6-33　前后氧传感器数据波形

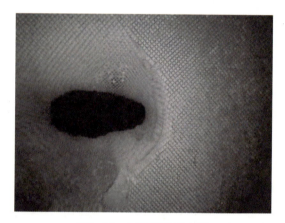

图6-34　三元催化器内部

图6-35　活塞顶部积炭

我们根据积炭情况往燃油箱内添加了一瓶积炭清洗剂后交车。车辆行驶200km后，返回修理厂更换三元催化器。

更换新的三元催化器后，再次检测尾气，尾气数据见图6-36。

一、尾气排放检测数据						
项目	CO	HC	NO	O_2	CO_2	λ
高怠速	0.03 (0.30)	3.00 (30.00)	3.00 (9.00)	0.65 (1.40)	20.00 (0.00)	1.02 (0.98 ~ 1.03)
低怠速	0.01 (0.40)	3.00 (40.00)	3.00 (11.00)	0.36 (3.00)	20.00 (0.00)	1.01 (0.98 ~ 1.03)

二、尾气健康状况

总体评分	83.07
档级	很好
高怠速	不合格
低怠速	合格

分项指标	档级
H-CO:	极好
H-HC:	很好
H-NO:	很好
L-CO:	极好
L-HC:	极好
L-NO:	极好

图6-36　尾气数据2

根据数据可知，当前此车的排放状况良好，交车后上线检车并一次性通过。

总结：

此车故障是由3个方面引起的，即燃烧室积炭较多、火花塞老化以及三元催化器部分烧穿损坏。在对这3个方面的问题进行有效处理之后，排放超标故障得以排除。

气缸内部积炭较多时，积炭会引起混合气调节速度变慢，使燃烧室容积变小，导致压缩比升高，引起氮氧化合物排放增加；火花塞老化会引起碳氢化合物排放增加；三元催化器损坏，会引起一氧化碳、碳氢化合物和氮氧化合物不能被有效催化，导致排放物超标。

6.15　2013年中华H330不通信

车型：2013年中华H330，配置手动挡变速器和智能钥匙。

故障现象：检车时发现诊断仪与发动机控制单元不通信。

故障诊断：接车后，连接诊断仪，选中车型菜单，选择发动机控制单元，发现无法通信。换用OBD菜单进行连接，也显示无法通信。

我通过朋友得知部分中华轿车出现不通信的问题时，可以通过对调诊断座2号引脚和7号引脚的导线来修复。针对此车进行试验，对调其诊断座的2号引脚和7号引脚线来之后，诊断仪仍然无法通信，于是再次把对调的线恢复原状。

查看相关电路图，见图6-37和图6-38。

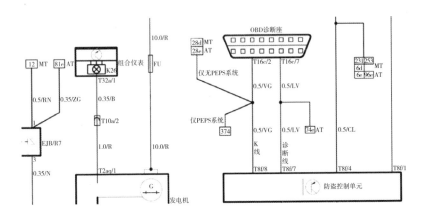

图6-37　电路图1

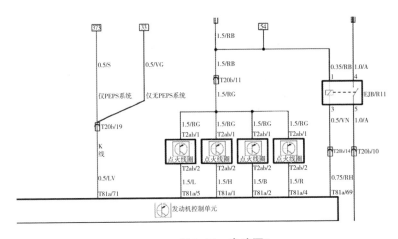

图6-38　电路图2

从电路图来看，此车诊断座上的7号引脚通信K线与防盗控制单元相连，随后经由防盗控制单元与PEPS智能钥匙模块通信，接着再通过PEPS与发动机控制单元完成通信。若数据合法且正常，便能实现启动。使用诊断仪时，数据传输也遵循这一流程。针对此车无法通过诊断仪通信的故障，推测在诊断座到发动机控制单元之间存在断路情况。

此车的发动机控制单元位于前挡风玻璃防火墙右侧，拆除防雨罩即可看到，为单插头发动机控制单元。

直接从诊断座7号引脚接一根导线到发动机控制单元的71号引脚，之后再用诊断仪连接通信，发现能够正常通信了，从OBD菜单中也可以正常读取到诊断报告了。

至此，故障排除。

6.16　2014年东风标致308加不上油且严重抖动

车型： 2014年标致308，配置1.6L发动机。

故障现象： 发动机故障灯偶尔亮起，发动机怠速平稳，当缓慢加速至1500r/min以上时，发动机出现抖动现象。

与客户沟通得知，为排除该故障，客户已经更换了气门室盖、火花塞、点火线圈、燃油泵等配件，并且清洗了节气门和进气道的积炭。经过多家修理厂维修，问题依旧未能解决。

故障诊断： 连接诊断仪，读取故障码，显示有多个故障码，包括多个气缸失火的故障码。

于是我们想通过读取数据流来查找问题所在，但读取数据流时遇到了问题，发动机转速显示仅为260r/min，表明数据流不正确，这意味着当前选择的发动机型号信息有误。我们尝试手动选择车型，也未能找到与实际情况完全相符的数据流，只有几个数据流项目接近正常，一时间无法确定此车到底使用的是哪种型号的发动机电控系统。

接上示波器测量氧传感器波形，前氧传感器信号电压有时在0.1～0.8V之间变化，有时长时间停留在0.8V不变。测量后氧传感器电压波形，其固定在0.6V不变。此时慢慢加速，当发动机转速超过1500r/min时，会出现严重抖动现象。在抖动现象出现瞬间，前氧传感器的信号波形立即由0.8V变为0.1V。这表明由于混合气过稀导致发动机抖动，并且因为发动机燃烧不良，为了降低排放，车载OBD系统的失火监控程序启动，主动切断了失火气缸的供油，从而导致发动机严重抖动。这是对该车故障现象的分析，那么加速时混合气突然变稀的原因是什么呢？

我们还发现一个奇怪的现象：车辆在急加速时不会出现抖动现象。这一现象表明急加速时发动机不进入闭环调节状态，也就不会出现混合气过稀现象。根据这一规律，我们推断很可能是由氧传感器组成的闭环混合气调节存在问题，因为发动机开环控制时不会出现故障现象。

将发动机熄火后，用诊断仪清除故障码，显示系统正常，无故障码。当加速且转速超过1500r/min后，多缸失火的故障码会再次出现。这些故障码仅描述与故障现象相符的结果，对于故障原因和诊断方向没有参考意义。

基于以上了解，我们进行了试车。试车前我们想到了一种特殊的驾驶方式，即采用不断加减速的方式驾驶车辆。按照我的猜想，这样就不会出现严重的抖动现象。果然如我所料，车辆顺利行驶了10km都未出现严重的抖动现象。

有些车辆的后氧传感器会参与混合气调节，于是断开后氧传感器进行试验，发现加速后严重抖动现象仍然会出现。接着依次断开前氧传感器和进气压力传感器进行试验，均无效果。

检测燃油压力正常，说明故障现象与燃油压力无关。

我们怀疑清洗节气门后未进行节气门匹配，致使混合气调节不良。然而，进行节气门匹配耗时太长，是否有更好的方法能快速判断故障是否由节气门引起呢？从诊断仪中找到"更换节气门"选项，随后按设备提示操作。再次启动车辆后进行试车，之前的故障现象消失。

1天后，客户再次来到修理厂反馈故障再次出现。客户用网购的手机版诊断仪清除故障码后，车辆恢复正常。

我们用诊断仪检测发现两个故障码，分别为P1536和P0480。参考最新手册并给诊断软件升级后，这两个故障码仍显示参考最新手册，我们致电诊断仪厂家也未得到满意答复。

用AI软件进行搜索后，故障码P0480是散热风扇继电器故障；故障码P1536在不同车上有不同的解释，有的指节气门故障，有的指凸轮轴传感器故障，还有的指发动机过热。根据以上的检查，我们怀疑与节气门相关。

我们检查后发现节气门线束侧插头松动，更换新插头并进行节气门匹配。

匹配完成后再次试车，行驶十几千米后，加不上油的故障现象未再出现，且试车过程中发现车辆行车状态比之前更平稳。

回厂后再次用诊断仪检测，故障码P1536再次出现。从行车过程看，匹配是有效的，并且节气门工作正常，只是故障码所指的问题还是没有解决。

重新选择车型菜单，进入发动机系统后读取故障码，见图6-39。

图6-39　故障码

故障码P1536的解释为双功能制动开关信号。我们请客户进行制动操作（踩下和松开制动踏板），发现制动灯一直处于点亮状态，仅偶尔会熄灭一下，由此判断制动开关存在问题。因为故障码P1536指向的就是制动开关故障。

更换制动开关后故障彻底排除。

总结：

此车存在两个故障，其一是节气门插头接触不良，其二是制动开关损坏。若仅是制动开关损坏，或许会导致加不上油的情况，但不至于引起松加速踏板后出现发动机缺缸，所以节气门插头必然存在问题。

由于我们的诊断仪并非专用诊断仪，对故障码的解释不够准确，致使我们出现误判。我们在诊断期间还发现，从车型菜单进入后能够读取到故障码，但从OBD菜单读取故障码时，却显示系统正常，无故障码。

6.17　2019年奔驰GLC260L检车时有4项未就绪

车型： 2019年奔驰GLC260L，配置2.0L发动机（274.920）。

VIN码： LE40B4GB7KLXXXXXX。

故障现象： 车辆检车时，报4项未就绪，见图6-40。

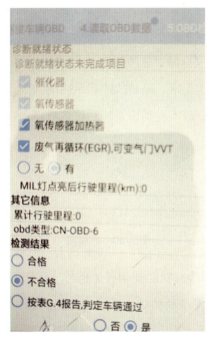

图6-40　未就绪情况

从就绪内容来看，存在4个未就绪项目，即氧传感器、氧传感器加热、催化器和废气再循环（EGR）可变气门VVT，这或许表明车辆存在故障，从而无法完成就绪。

故障诊断： 连接诊断仪，选择OBD菜单，进入发动机系统，读取故障码，结果显示有1个故障码，见图6-41。

此故障码意味着电子节温器存在故障，这是否是导致未就绪的原因呢？经过分析认为，或许正是这个故障码所对应的故障，致使OBD排放监控程序无法完成就绪。

图6-41 故障码

出现故障码并不代表存在水温过低的故障，还需要对水温低这一情况进行有效验证。连接诊断仪进行试车，同时读取数据流中的发动机水温数据，并将其转化为波形，见图6-42。

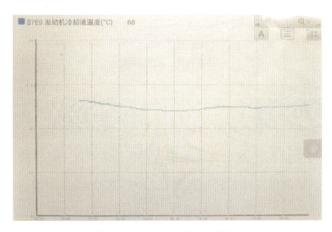

图6-42 发动机水温度数据

波形显示，此车在行驶过程中水温从90℃逐渐降至60℃。我们都知道，OBD程序会对发动机水温进行监控，只有当水温达到90℃以上时，才会启动就绪项目的学习。由于发动机水温过低时无法完成就绪，并且此车不仅有故障码指向节温器，还存在实质性的水温低问题，所以可以确定这是导致无法完成就绪的首要原因。

采用尾气分析仪配合智能数据分析软件进行检测，实际检测结果见图6-43。

从检测结果来看，此车尾气排放中的各项有害成分均低于标准数据，能够顺利通过检车。

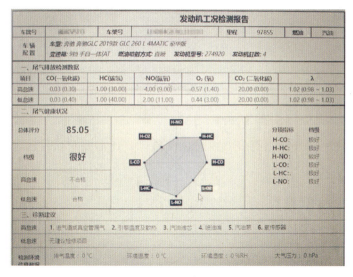

图6-43 尾气数据

由于此车更换节温器时，需要先拆下进气软管、进气歧管、发动机控制单元和节气门才能进行，所以在装好新节温器后，按照相反顺序装回所拆配件，清除故障码，再次试车。试车时，水温在95～105℃且不再下降，同时采用手动挡模式行驶，尽量将发动机转速控制在2000～2500r/min。经过10km的试车，读取故障码，系统显示正常且无故障码，此时再读取就绪状态，见图6-44和图6-45。

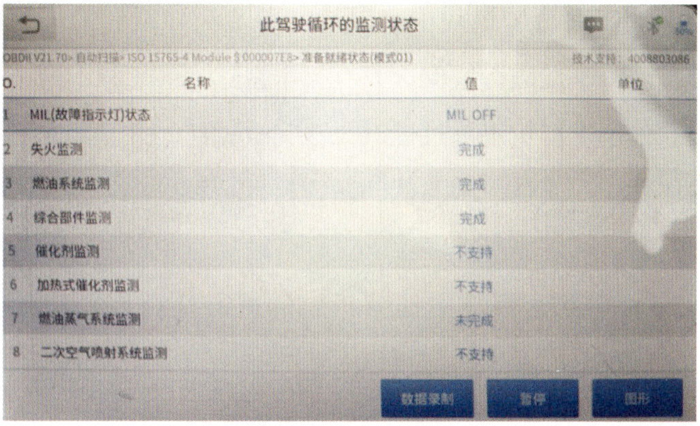

图6-44 就绪状态1

图6-45　就绪状态2

由图可知，仅余一个就绪未完成，这种情况下可进行检车。交车后上线检车并一次性通过。

总结：

车辆检车时，若OBD程序中的未就绪项目超过3项，则无法通过检车。此车由于节温器损坏并卡在常开位置，行车时发动机冷却液直接进入水箱大循环，致使发动机水温过低，无法完成相关就绪项目。

在试车过程中，可将数据流中的水温数据波形化，如此便能观察发动机水温的连续变化特性曲线，有助于我们了解整个试车过程中发动机水温的变化规律，快速且准确地判断节温器是否正常工作。

7 尾气分析仪实操及相关问题

　　车辆年检就像是每年的体检，可以帮助我们发现一些隐患，比如燃烧质量有问题的车辆，其中有一部分是没有故障表现的，属于"亚健康"状态。这时就需要一台精密的设备来帮助我们找到问题所在。

　　尾气分析仪是一台精密的气体成分测试仪器，可以测量出尾气中的有害气体，重要的是它可以测量的精度非常"恐怖"，可达到百万分之一，即10^{-6}（1ppm）。所以车辆存在的"亚健康"问题都可以通过尾气数据及时被发现。

　　学会使用尾气分析仪，再结合电控发动机理论及维修经验，就可以诊断混合气调节、混合气燃烧和排放净化问题，把以往对混合气稀浓的认知提升到一个新的高度。这台精密的设备会为我们提供非常有价值的数据，解决发动机燃烧效率及排放过高的问题。

　　尾气分析仪不仅可以帮助我们查找排放问题，而且可以帮助我们在平时车辆保养中寻找处于"亚健康"状态的车辆，有利于我们修理车辆时有的放矢，准确找到高油耗和高排放的原因，找到真正需要清理积炭的车辆，为车主节省养护成本。

　　下面我们就开始认识一下这台设备吧。

■ 7.1 尾气分析仪的内部工作原理

　　尾气分析仪是一台可以分析气体成分的设备，它的内部有一个真空泵，将发动机排出的废气吸入设备，然后通过其内部的传感器和光学平台，可以瞬间测量出5种气体的含量。

这5种气体分别是HC、NO_x、CO、CO_2和O_2。外加一个过量空气系数"λ"，共6项数据。

测量这5种气体的方法有两种：一种是不分光红外法；一种是电化学法。电化学法大家其实比较熟悉，汽油发动机上的氧传感器就是一个典型的电化学传感器。它的工作原理就是当气体流经此传感器时，会把氧气含量变成一个电信号，输出一个信号电压，含量与信号电压成比例。

汽车尾气中的O_2、CO_2和CO就是采用这种方法测量到的。剩下的两种气体——NO_x和HC可用不分光红外法检测。不分光红外法又称非分散红外吸收分析，是一种利用不同化学成分的气体对红外线的吸收特性不同的原理来检测化学气体浓度的光谱分析方法。

不分光红外法测量气体成分的基本原理：光源发出的红外光直接穿过含有待测气体的样品室，待测气体吸收其特征波长的红外光，使透过的红外光强度发生变化，通过检测这种光强变化并与已知浓度的标准气体进行对比，从而得出待测气体的浓度。

不分光红外法测量气体成分思维导图见图7-1。

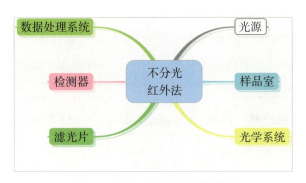

图7-1　不分光红外法思维导图

光源：光源通常是指能发出宽波长范围的红外辐射源。

样品室：样品室用于容纳待测气体样品，确保红外光与样品充分作用。

光学系统：光学系统包括透镜和反射镜等，用于聚焦和传输红外光。

滤光片：在检测器之前滤光，得到与待测气体吸收波长相对应的单一波长的光。

检测器：检测器将接收到的光信号转换为电信号，常用的有热释电检测器和碲镉汞检测器等。

数据处理系统：对检测器输出的电信号进行放大、处理和分析，最终显示出待测气体的浓度。

这种检测方法的优缺点如下。

优点：灵敏度高，能够检测到低浓度的气体；响应速度快，可实时监测气体浓度的变化；稳定性好，仪器的性能受环境因素影响较小；操作简便，易于使用和维护。

缺点：当待测样品各组间有重叠的吸收峰时，会给测量带来干扰；对复杂混合气体的分析，可能需要结合其他分析方法。

这种测量气体成分的方法被广泛应用工业领域，如环境监测、工业化工、室内空气质量以及汽车尾气的检测。

环境监测：监测大气中的CO、CO_2、CH_4等温室气体以及SO_2、NO_x等污染物的浓度。

工业过程控制：在化工、石油、天然气等行业，监测生产过程中气体的浓度，如合成氨生产中氢气和氮气的检测，炼油厂中烃类气体的检测等。

汽车尾气检测：检测汽车排气中的HC、CO和CO_2等气体的含量，以评估汽车的尾气排放是否达标。

室内空气质量检测：检测室内空气中的CO_2、CO和甲醛等有害气体的浓度，以保障室内空气质量。

注意事项：

尾气分析仪是一台精密气体分析设备，需要我们精心维护，才能保证设备的使用寿命。我们知道发动机的排气成分中有水蒸气，设备的气泵吸入的气体在进入其内部时，会在冷却罩处形成冷却水，如果冷却水量不大的话不会影响设备运转，但我们连续测量多台车辆，尤其在冬季的北方地区，会有较多的冷却水出现，这时如果这些冷却水进入设备，就会损坏里面的精密检测光学平台和电化学传感器。所以，使用中要注意避免设备被冷却水损坏。

另外，还需要定期对设备内部的滤芯进行更换。其中氧传感器的寿命大约为3年，氮氧传感器的寿命要长一些。若设备提示氧传感器老化，则说明检测到这个传感器信号不准确了，需要更换，这样才能保证设备的检测精度。

■ 7.2　尾气分析仪的数据单位及菜单树

在空气进入发动机后，与燃油形成混合气，在火花塞点燃后发生燃烧，其中21%的O_2被消耗掉，78%的N_2中的一小部分在特定条件下转化为NO，大部分的N_2被直接排出，所以汽车排气成分中，占比最多的是N_2。由于N_2本来就是自然界中存在的主要气体，对空气质量影响不大。另外，还有燃烧后产生的水蒸气，它对环境也没有危害，因此我们无须分析这两种成分对环境的影响。

除了N_2和水蒸气之外，剩余的几种气体就是尾气分析仪能够测量的成分，包括NO_x、CO、O_2、CO_2和CH。这5种气体在尾气中所占比例虽小，但其中3种气体对环境的危害极大，所以必须加以治理。

下面是一张尾气分析仪的双怠速检测结果（图7-2）。

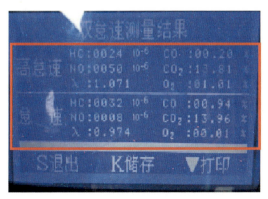

图7-2　双怠速检测结果

测量结果分为上、中、下3个部分，分别是测量方法显示区、测量数据表和操作菜单信息。

在高怠速数据部分，左侧一列的数据依次为HC、NO_x的含量，这两个数据的单位是10^{-6}（ppm），也就是百万分之一的意思，这样的表述更便于理解。图7-2中第3行和第6行是过量空气系数"λ"，没有单位。右侧一列的数据分别对应CO、CO_2和O_2，其单位均为"%"，意思是百分之一的测量精度。如此设计，是为了方便我们读取和记录数据，确保数据尽量处于0.01～100之间，便于记忆和分析。因此，这5种气体在检测数据中的单位是不同的，左侧一列以百万分之一为单位，右侧则是以百分之一为单位。

在图7-2中数据表格的下半部分是怠速数据，其数据排列规律和单位与高怠速部分一致。

这里有一个值得思考的问题：在尾气分析仪中，显示的气体比例究竟是体积比还是质量比呢？实际上，在尾气检测相关标准和仪器测量原理中，一般是基于气体在相同温度和压力等条件下，各成分的体积占比情况，来反映尾气中不同气体的含量，以此评估车辆尾气排放是否达标。

那么，空燃比指的是体积比还是质量比呢？因为空燃比是根据元素的分子式计算得出的，实际上它指的是质量比。这就意味着，尾气分析仪上显示的"λ"与实际进入发动机的空气燃烧质量比之间存在一定误差。

菜单提示内容在尾气分析仪的显示界面最下方。我们分别操作右侧按键（右侧面板中2个上下箭头的选择键与上面的K键和S键），就可以实现尾气分析仪的功能切换。尾气分析仪见图7-3。

初学者往往会出现进入菜单后不会选择对应功能的问题。为了方便大家使用，我将其整理成了菜单树流程图（图7-4）。

通过这张菜单树流程图，我将其菜单结构清晰、全面地展示在初学者面前。这张菜单树流程图可以帮助初学者轻松找到所需功能。

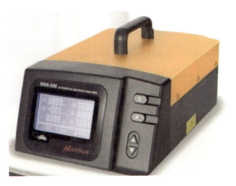

视频二维码

图7-3 尾气分析仪

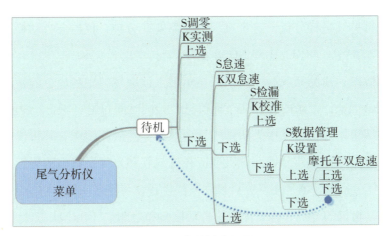

图7-4 菜单树流程图

7.3 基本操作及注意事项

尾气分析仪操作步骤包括开机、仪器自检（是否存在泄漏）、校准归零、采样检测、记录数据和检测结束。

开机： 接通电源，打开尾气分析仪开关。仪器需要预热一段时间，让内部的传感器等部件达到稳定的工作状态，预热时间因品牌而异，通常为10～30min。

仪器自检和标准归零： 检查仪器的校准情况，查看上次校准日期和校准记录，确定仪器是否需要校准。检查采样系统，包括采样探头、采样管等是否连接正常，有无破损、堵塞等情况。

采样检测： 启动车辆，让发动机达到正常工作温度，一般水温为80～90℃。这是为了保证车辆尾气排放处于稳定状态，同时三元催化器达到正常的工作温度才能产生有效催化作用，使检测结果更准确。根据设备提示，在检测过程中按照规定的转速和工况运转发动机。

将采样探头插入车辆排气管内，插入深度要符合仪器要求，一般为30～40cm，确保探头位置固定，防止脱出。开启采样功能，按照仪器操作面板的提示选择合适的检测模式，如怠速检测、双怠速检测或者其他工况法检测等。等待仪器对尾气进行持续采样分析，这个过程可能需要几分钟，仪器会自动检测尾气中的各种成分含量，如CO、HC、NO_x等。

记录数据： 检测完成后，在仪器显示屏上读取尾气中各成分的检测数据。将数据记录下来，记录内容包括车辆信息、检测时间和尾气各成分的浓度等。

检测结束： 先将采样探头从排气管中取出，然后关闭尾气分析仪的采样功能。让设备继续运转几分钟，排出残留在排气管和采样系统中的尾气。关闭发动机和尾气分析仪，清理尾气分析仪和采样设备，将仪器恢复到初始状态。

尾气分析仪的开机、检漏提示、自动检漏和检测空气几个状态见图7-5～图7-7。

在尾气分析仪自检完成后，我们可以直接检测空气，具体数据见图7-8。

图7-5　开机

图7-6　检漏提示

图7-7　自动检漏

图7-8　空气数据

■ 7.4　尾气分析仪使用中的常见问题

（1）在使用中如何用简单方法判断尾气分析仪的精准度。

直接检测空气成分（图7-9），其中O_2浓度为20.90%，正好符合大气中O_2的含量百分比（21%），这就可以验证氧传感器的精准度。

图7-9　空气成分测量

如果怀疑CO_2数据不正确，可以找一辆工作正常的车辆检测一下，其CO_2的排放量应该在15%左右。

（2）尾气分析仪显示氧传感器老化怎么办？

尾气分析仪上的氧传感器是有寿命的，正常使用时，它的寿命为1～3年。当其达到使用年限后，设备开机经过10min预热后，显示屏上就会出现"请更换氧传感器"的提示。遇到这种问题一般直接更换即可，因为氧传感器的价格不贵，几百元就可以解决问题。

更换氧传感器的操作比较简单，可以按下面的步骤进行操作。

①断开尾气分析仪电源。

②拧开尾气分析仪后面的小防护罩，看到的红色部件就是氧传感器。

③准备好新的传感器，然后拔下旧传感器插头，用扳手拆下旧传感器，再安上新传感器，按相反顺序装好拆下的配件。

④开机试验，正常情况下氧传感器老化的提示信息会自动消失，机器恢复正常。

注意事项：在安装过程中要避免氧传感器的密封胶圈丢失。

7.5 尾气分析仪显示有泄漏怎么维修

当尾气分析仪打开电源后，先进行预热，在预热10min后，开始自动检漏程序，机器内部的气泵开始吸气，显示屏上会提示"用橡胶堵堵住取样管"。按确定后，机器内部的真空泵开始工作，此时仪器会自动检测取样管内部的真空度，如果真空度达到要求，说明不存在漏气。接着进行下一步操作——归零。有时也会遇到设备检漏不通过的问题，我们可以按下面的操作进行简单的维修。

当设备在检漏阶段无法顺利通过时，首先要确认已经使用专用的橡胶堵将取样管前端堵住，然后按下确认键再次检漏，10s后，如果设备再次提示"有泄漏"，说明取样管连接的管路存在泄漏，见图7-10。

图7-10　检测泄漏情况

为了进一步缩小故障范围，从机器连接取样塑料管的进气散热器处断开管子，从此处再次堵上进气口，按下确定键，再次检测泄漏情况，机器再次提示有泄漏，说明机器内部确实存在泄漏。

拆开设备外壳后，用烟雾检漏仪给设备内部打上烟雾，此时有明显烟雾冒出，经仔细观察后，发现真空泵下方的管子由于老化后漏气。实际情况见图7-11。

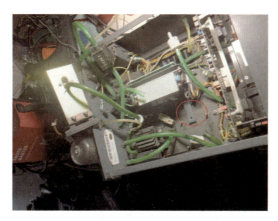

图7-11　泄漏位置

红色圆圈处是拆下真空泵后，软管磨损的位置。将真空泵拆下，再拆下电磁阀后，拔下开裂的真空管，更换新的真空管后安装机器，再次试漏，没有烟雾出现。安装整个机器后，机器恢复正常工作，故障排除。

总结：

（1）我们在拆装时应拍照以记录管子的走向，避免出现无法安装的问题。

（2）小心操作，避免损坏内部精密的电路板。

■ 7.6　尾气分析仪的灵活使用

尾气分析仪不仅可以在检车时验证尾气是否合格，还可用于检测处于"亚健康"状态的车辆，或用于判断发动机振动是否由燃烧问题导致。另外，尾气分析仪还可以诊断高油耗问题。下面我们来看两个案例。

案例一：大众CC发动机严重抖动的诊断

车型：大众CC，发动机型号为EA888，已经行驶约120000km。

故障现象：发动机着车后严重抖动，直观感觉至少有两个气缸不做功。

故障诊断：将诊断仪连至发动机系统，读取14组、15组、16组的失火数据流，未发现失火记录。此车的故障有些奇怪。

到底是不是发动机缺缸，我们想到一个诊断此类故障的好方法——利用尾气分析仪来检测排放尾气成分。通过尾气成分就可以判断发动机各个气缸的燃烧状态。

打开尾气分析仪电源开关，等待10min以预热尾气分析仪，同时将车辆开到路上进行路试热车，车辆回厂后，再次用诊断仪读取故障码，显示系统正常，无故障码。将尾气分析仪的检测模式调整为双怠速模式，然后将发动机转速提升至3500r/min并持续30s，再将发动机转速控制在2500r/min并持续30s，之后怠速运转40s，设备自动将尾气排放成分累积后得到一个时间平均值数据，见图7-12。

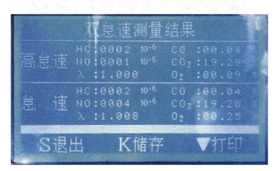

图7-12 排放数据分析

从尾气成分上看，HC在高怠速和怠速状态下都是2×10^{-6}，CO_2在高怠速和怠速状态下分别为19.29%和19.28%，O_2在高怠速和怠速状态下分别为0.09%和0.25%。上述数据表明，此车发动机各气缸做功良好，不存在缺缸故障。发动机抖动可能是机械原因造成的。

结合此车的维修记录，此车在半年前更换过飞轮总成，我们怀疑故障是因飞轮再次损坏造成的。拆下飞轮后，发现了原因——飞轮边缘开裂，见图7-13。

图7-13　飞轮边缘开裂

我们综合分析认为，此车飞轮边缘开裂引起内部故障，进而造成了机械运动不平衡，从而引起共振，最终这种共振带动整个发动机抖动。更换新的飞轮后，发动机抖动现象消失，故障排除。

总结：

此车故障是因飞轮内部损坏造成的，发动机着车状态下严重抖动，直观感觉这种抖动非常像缺缸故障，但从诊断仪的数据流上看，却没有失火记录数据，综合运用我们的检测设备并结合以前的维修记录，确诊故障是由飞轮损坏引起的。通过拆检寻找故障原因，找到故障点在飞轮内部，更换飞轮后故障排除。

尾气分析仪的灵活运用非常重要，这是我发表在2021年4月《汽车维修技师》杂志上的一篇案例，非常典型。

案例二：马自达6油耗高

车型： 2009年一汽马自达6，排量为2.0L，发动机型号为LF，自动变速器。

故障现象： 客户反映该车燃油消耗量过大，百公里耗油高达20L，且排气中燃油味较重，但发动机故障灯并未亮起。

故障诊断： 用诊断仪读取发动机系统故障码，显示"系统正常，无故障码"。这表明车辆的控制系统未检测到明显的硬件或电路故障，看来我们没有办法通过故障码来查找故障原因了。

对于我们来说，在没有故障码提示的情况下，应如何缩小故障范围呢？是传感器的问题，还是执行器的问题呢？我们利用尾气分析仪测量了排气，根据排气成分分析哪里出现了问题。尾气分析仪在双怠速模式下测量的此车的尾气结果见图7-14。

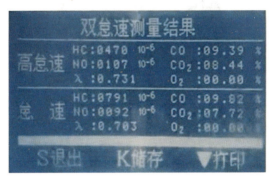

图7-14　尾气成分1

高怠速状态下，HC为791×10^{-6}，非常高（一般正常50×10^{-6}以下）。当前的HC排放数据表明混合气中有一部分未经燃烧的燃油被排放出来了。CO的含量为9.39%，也明显偏高（正常值在0.1%以下），说明混合气过浓，燃烧过程中因缺氧导致大量CO排出。

λ（过量空气系数）为0.703，小于1（理想空燃比为1），进一步说明混合气过浓，空气量相对不足，或者供油量太大。

怠速状态下，HC的排放量为470×10^{-6}，CO的排量为9.39%，两样排放物均高于正常值许多，λ为0.731，上述3个数据表明混合气严重过浓。

从以上尾气数据可以看出混合气燃烧存在问题，混合气过浓会导致油耗升高，但车辆无故障码，这可能是因为车辆控制系统未检测到能触发故障码的异常情况，或者相关传感器未准确反馈故障信息。

经过进一步检测与分析，我们怀疑前氧传感器有故障。此车的前氧传感器是电流型宽带氧传感器，与常见大众车的宽带氧传感器不同，其采用电流型输出信号，当前信号是浓还是稀尚不清楚。数据流见图7-15。

为确定故障，拔下前氧传感器插头后再次启动着车，测量尾气成分（图7-16）。在高怠速状态下，HC排放量变为21×10^{-6}，相比之前大幅下降；CO排放量变成1.39%；λ值变成0.918。以上3个数据同时表明，拔下氧传感器插头后，混合气过浓问题得到有效缓解。由此说明，之前混合气过浓可能与前氧传感器有关。

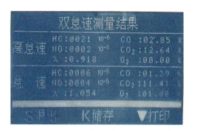

图7-15　数据流1　　　　　　　　图7-16　尾气成分2

我们再来看怠速时的数据，λ值在高怠速时为0.918，虽然小于1说明混合气有些偏浓，但比之前的数据明显好转；怠速时为1.054，该系数大于1说明混合气变稀。因为拔掉氧传感器后，发动机控制单元进入开环控制，按预设值喷油，混合气变稀。

怠速状态下HC排放量降到6×10^{-6}，已经恢复到正常值；CO排放量为2.85%，明显降低。我们对以上数据综合分析后认为，拔掉前氧传感器后，混合气由非常浓变成了基本正常，说明前氧传感器可能起到了错误修正混合气的作用，导致混合气过浓。

该车故障是由于前氧传感器损坏，不能真实反映混合气的稀浓，造成控制单元错误调整混合气，导致混合气过浓，进而引起油耗过高的故障。

我们更换了一个新的前氧传感器，经过几千米的试车，让发动机电控系统对混合气调节进行自动调整，恢复长期修正数据，然后再次检测尾气数据（图7-17）。

维修前后诊断仪数据流中有明显变化的几项数据见图7-18。空气流量为2.54g/s，喷油脉宽为1.560ms，前氧传感器为16.5mA。我们实际检查排气时，已

图7-17 尾气成分3

图7-18 数据流2

经闻不到明显的燃油味。至此，我们确认此车故障是因为前氧传感器损坏造成的。该传感器损坏后，发动机控制单元无法获得混合气稀浓反馈信号，导致混合气严重失调而过浓。

在诊断过程中，虽然没有相关故障码，但通过尾气分析仪和数据流分析可找出前氧传感器输出的错误数据，确定其为故障原因。

交车后，经过几天试用和回访，我们了解到该车油耗下降到百公里10L左右，油耗高的故障排除。

总结：

（1）该车故障是由于前氧传感器损坏，造成错误修正混合气，导致混合气过浓，引起油耗过高。

（2）因前氧传感器损坏后无故障码，须借助尾气分析仪判断混合气过浓问题，结合诊断仪数据流分析，找出前氧传感器输出的错误数据，通过断开前氧传感器观察尾气数据变化并锁定故障。

（3）尾气数据在故障诊断中起到关键作用，数据流中的空气流量、喷油脉宽和氧传感器信号等也起到了辅助诊断作用，通过对这些数据的对比，可以准确判断故障原因及维修效果。

7.7 智能尾气分析软件

近年来，随着计算机和网络技术的快速发展，智能尾气分析软件（图7-19）应运而生。

图7-19 某智能尾气分析软件

在计算机上安装该软件后，通过USB连接打印机和尾气分析仪，进行通信设置后，打开软件，输入用户名和密码，按软件要求操作。维修人员只需在软件上进行简单操作，即可控制尾气分析仪对车辆尾气展开检测。检测所得到的数据会通过通信方式实时传输至软件，软件运用大数据模型诊断技术，在计算机端对这些数据进行深度分析，从而得出被测车辆的尾气成分分析结果。

该软件还能为维修人员提供详尽的维修建议，即便维修人员对尾气分析技术并不十分精通，也能借助此软件的尾气分析查找出故障原因。在检测过程中，软件会依据设备提示，指导维修人员进行加减油门等操作。完成整个测量流程后，软件便会自动生成一份诊断结果报告单，具体样式见图7-20。

这种采用智能软件测量尾气的方式，具备以下诸多优势。

（1）高效精准定位故障：软件能够快速生成检测结果，且结果呈现简洁明了，维修人员结合实际车况，选择合理的维修方案，就能够从中快速找到故障原因，极大地提高了维修效率。

（2）增强客户信任度：检测结果通俗易懂，客户可以清晰地了解车辆存在的问题，从而更加放心地将车辆交由修理厂进行维修，助于提升客户的信任感。

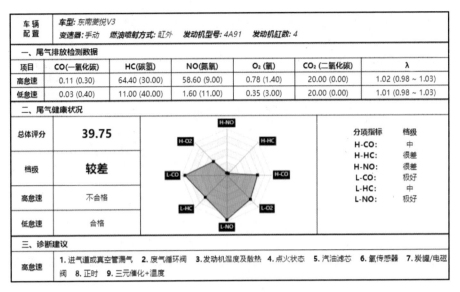

车辆配置	车型: 东南菱悦V3					
	变速器: 手动	燃油喷射方式: 缸外	发动机型号: 4A91	发动机缸数: 4		

一、尾气排放检测数据

项目	CO(一氧化碳)	HC(碳氢)	NO(氮氧)	O₂(氧)	CO₂(二氧化碳)	λ
高怠速	0.11 (0.30)	64.40 (30.00)	58.60 (9.00)	0.78 (1.40)	20.00 (0.00)	1.02 (0.98 ~ 1.03)
低怠速	0.03 (0.40)	11.00 (40.00)	1.60 (11.00)	0.35 (3.00)	20.00 (0.00)	1.01 (0.98 ~ 1.03)

二、尾气健康状况

总体评分	**39.75**		分项指标	档级
档级	**较差**		H-CO:	中
			H-HC:	很差
高怠速	不合格		H-NO:	很差
			L-CO:	极好
低怠速	合格		L-HC:	中
			L-NO:	极好

三、诊断建议

高怠速	1.进气道或真空管漏气 2.废气循环阀 3.发动机温度及散热 4.点火状态 5.汽油滤芯 6.氧传感器 7.炭罐/电磁阀 8.正时 9.三元催化+温度

图7-20 诊断结果报告单

（3）直观评估维修效果：无论是客户还是修理人员，都能轻松看懂维修后的检测报告，直观判断维修是否有效，为维修质量提供有力的评估依据。

（4）助力数据积累与提升：软件具备强大的管理功能，便于收集和整理大量的尾气检测案例。通过对这些案例数据的分析和总结，能够不断提高维修人员的故障诊断能力，推动维修技术的进步。

这款智能尾气分析软件的功能不局限于应对车辆年检，在排查车辆油耗和混合气调节异常等故障方面同样发挥着重要作用。其通过对尾气数据的深入分析，能够精准地找到故障诊断的方向。同时，尾气分析仪以其高精度的检测特性，在判断诸如缸垫是否损坏等涉及燃烧和混合气调节的问题时，具有其他设备无法比拟的优势。凭借这些突出特点，该软件能够帮助客户节省维修成本，为修理厂创造更多收益，同时使车辆排气更加清洁，助力大气环境保护，真正实现了一举多得。

总之，这类智能尾气分析软件的出现，让更多人深入了解了尾气分析仪的广泛用途。它拓宽了尾气分析技术在汽车维修领域的应用范围，为汽车维修行业的发展注入了新的活力。

7.8 利用工况法分析故障

下面分享两个利用工况法分析故障的案例：一例是北斗星中低速行驶时抖动故障；另一例是2013年现代瑞纳加减速时车辆蹿动。那么什么是工况呢？我用思维导图的形成整理了工况相关知识（图7-21）。

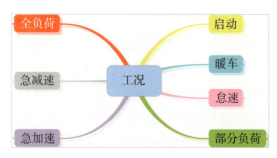

图7-21　工况思维导图

案例一：北斗星中低速行驶时抖动

车型：北斗星，配置K14B发动机和大陆电喷系统。

故障现象：车辆低速行驶时，有冲击现象，此故障为偶发故障，有时连续几天不出现，最近故障频繁出现。

故障诊断：根据以上故障现象，结合以往的经验，这种情况90%以上是因为EGR阀损坏引起的，一般更换EGR阀后会排除故障。这辆车在朋友的修理厂维修，在更换EGR阀后，故障没有排除。我们接手后，先进行了试车，发现故障仍然存在。然后，用诊断仪进行检测，故障码见图7-22。

再次试车时，我们在试车过程中认真观察了故障现象，发现此车在怠速状态下，发动机会出现偶发性的抖动现象。我们怀疑更换的EGR阀可能关闭不

图7-22　故障码

严，造成怠速状态下有燃烧后的废气通过EGR阀进入进气管，参与燃烧而导致发动机怠速不稳。

再次更换一个新的EGR阀后，第二次试车，我们发现故障现象不但没有改变，反而发动机故障灯无法熄灭。拆下新EGR阀后，直接用气泵吹两个废气通道口，发现在压力较大时，可以导通。为彻底排除EGR阀关闭不严的可能，我们直接用一个铁皮垫封死EGR阀的气管后，并再一次试车。我们发现故障现象仍存在。至此，已经完全排除因EGR阀漏气引发故障的可能。此时需要另找思路才能排除故障。

接上诊断仪，读取发动机系统数据流，重点查看前后氧传感器数据，发现前氧传感器长时间处于稀的状态，而后氧传感器显示也是过稀状态，基本上前氧传感器数据为0.4V，后氧传感器数据为0.1V。如果给进气管喷入化油器清洗剂，则会看到前后氧传感器都会显示接近1V的信号电压，这说明两个氧传感器能够识别混合气稀浓的变化，工作正常，但为什么会报混合气过浓的故障码呢？是因为供油压力不足吗？接上燃油压力表检测燃油压力，燃油压力为350kPa，在正常范围内。在怠速状态下，发动机出现抖动时，燃油压力没有下降，暂时排除了因燃油压力过低引起故障的可能。

从数据流中看不到异常因素，只能考虑其他因素，如前氧传感器或喷油脉宽。接上示波器，检测前氧传感器信号（图7-23）。

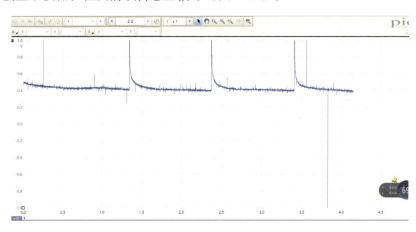

图7-23　波形1

很明显，氧传感器的波形异常，在氧传感器信号电压上还叠加了一个异常的波形，这个波形可能是氧传感器加热电压与信号线之间发生了漏电，加热电压传到传感器信号端引起的故障波形。

此车的前后氧传感器型号和插头是一样的，我们将前后氧传感器拆下来后，把它们的安装位置进行了对调，再次观察安装在三元催化器前面的氧传感器波形（图7-24）。

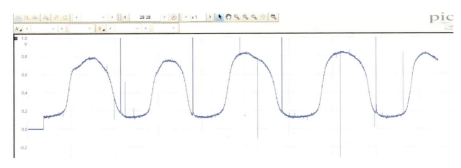

图7-24　波形2

此时氧传感器波形正常，说明发动机的混合气调节进入了闭环状态，同时我们也观察到，发动机工作平稳，数据流中前氧传感器信号也在0.1~0.8V的正常范围内。

分析故障出现的过程如下：异常的故障电压波形送至发动机控制单元后，被误认为混合气浓，于是减小了喷油脉宽，使混合气变稀。从后氧传感器的数据中可以看到，当时的混合气确实偏稀。当混合气稀时，就会出现发动机加速无力，甚至出现行车冲击。由于无法形成正常的混合气调节，所以发动机控制单元会存储混合气偏浓和偏稀两个相互矛盾的故障码。

对调前后氧传感器后，前氧传感器波形显示混合气调节已经进入正常的闭环状态。试车时，车辆行驶平稳，动力恢复正常，故障现象消失。我们定购了一个新氧传感器并进行更换后，故障彻底排除。

总结：

（1）该车故障是由前氧传感器损坏导致的，这种情况不太常见，我们很幸运通过示波器捕捉到了故障，并将其排除。

（2）诊断仪使用起来很方便，它能够存储相关故障码，给出故障方向，我们可以通过数据流缩小故障范围。对于疑难故障，示波器可以帮助我们准确找到故障。这两种设备都是故障诊断中不可或缺的，我们只有综合运用诊断仪和示波器，才能完美排除疑难故障。

（3）在对调氧传感器后，从波形上仍旧能看到时间特别短的干扰脉冲，但并没有引发故障，这说明发动机控制单元可以进行滤除。当我们看到了氧传感器有了正常跳变时，就证明故障已排除。

案例二：2013年现代瑞纳加减速时车辆蹿动

车型：2013年现代瑞纳，排量为1.4L，手动变速器，VIN码为LBERCACB4DX459XXX。

故障现象：车辆在2挡行驶，发动机转速为1500r/min时，加速有明显的蹿动，松加速踏板时也有明显的蹿动。用诊断仪读取故障码，显示没有故障码。这种故障极易在起步停车时出现，给客户带来了很不好的行车体验。

为了排除此故障，车辆已经更换火花塞并清洗节气门，但都没有效果。因为没有故障码，所以也找不到诊断思路。按照故障现象进行分析，像是离合踏板开关损坏。用诊断仪读取数据流，踩下离合器踏板时，可以看到离合开关有正常的变化，不踩离合器踏板时是开启状态，踩下离合器踏板时是关闭状态。并且，不将离合器踏板踩到底就无法启动，证明离合器开关工作正常。于是，我们尝试了多种方法以求找出解决问题的突破口。

断开进气相位调节电磁阀，试车，故障现象仍然存在。断开凸轮轴位置传感器后，启动车辆出现延时，但着车后试车，故障现象仍然存在，这说明上述两个元件与故障现象没有关系。反复试车，我们的感受是这种蹿动比较平缓，不像断油或断火引起的故障现象那样剧烈，类似于混合气调节不当。

我们怀疑节气门内部电机动作过慢，于是将节气门拆下进行检查，发现节气门内部的电路板上有轻微漏电现象，见图7-25。

我们更换一个新的节气门后再次试车，加速冲击现象基本消灭，但减速冲击还存在。在没有思路后，我们找来一辆现代车并读取了数据流，希望通过数

图7-25　节气门电路板

据流发现其存在的异常现象。

正常车辆在不踩离合器踏板时，数据流为开启状态，踩下离合器踏板后变成关闭状态，而故障车辆正好与之相反。反复寻找故障点未成功后，我们再次想到了检查离合器开关。检查发现，此车装有两个离合器开关，见图7-26。

这两个传感器从安装位置上看，作用不同：一个负责限制启动，当离合器踏板踩到底时，才允许启动机工作；另一个负责为发动机运行提供离合器是否

图7-26　离合器开关

踩下的信号，是减速断油工况的关键信号。将安装在上部的离合器开关插头拔下后试车，以上故障现象消失。

此时再观察数据流中的离合器状态，就变成了关闭状态。用万用表检测离合器开关上的信号电压，踩下离合器踏板时为0V，松开离合器踏板后变成5V，离合器开关并没有损坏。又因为数据流中可以看到离合器位置的变化，说明线路也没有故障，只是反映出来的状态与实际工况正好相反。反复试车后，并未发现异常，并且发动机系统没有故障码存储。数据流见图7-27。

图7-27　数据流

为了进一步查明故障原因，我们找到了相近型号的正常车辆并对其进行了检测，用万用表检测离合开关的状态，其与故障车辆相同，但在数据流中显示的数据却是相反的。

我们经过查询，此车可能因重新刷了程序而导致此现象发生，最终因为费用原因，与客户沟通后，不再进行下一步维修。客户在断开此位置开关插头的情况下继续用车。

总结：

（1）此车故障是由离合器开关信号错误导致的。它可能是一个软件故障，根本原因不是开关损坏，而是发动机控制单元内部的逻辑与离合器开关信号实际位置相反。

（2）当踩下离合器踏板后，为了节省燃油，发动机控制程序需要启动超速断油功能，但为了使行车时车速不发生剧烈变化，保持驾驶的舒适性，还需要进行对断油转速的修正。所以，手动挡车辆都设计了离合器开关，以识别是否踩下离合器踏板，其具有调整超速断油功能。此车就是因为离合器开关信号错误，导致发动机控制单元误判为没有踩下离合器踏板，进而进行错误调节，造成了上述故障。

（3）利用工况法来分析此车故障，可能会更容易发现问题。如果我们对故障发生的工况加以总结整理，就会发现故障的发生是有规律的，仅出现在减速工况，针对这一规律进行分析，就能直接找到诊断思路。

恭喜各位读者，看到这里，本书内容马上就要结束了。以上两个案例无法用以前的思路解决，需要拓宽思路才行。

8 总 结

在近期针对学员的培训过程中，我留意到以下一些值得关注的现象。

8.1 诊断设备使用情况的变化

如今，使用万用表和示波器诊断故障的汽车维修人员日益减少，更多的人倾向于使用诊断仪。在一场60多人参与的培训会场中，仅有寥寥数人能够熟练运用万用表进行车辆维修，而会使用示波器的人更是少之又少。为何会出现这样的情况呢？起初，我对此感到十分困惑。直到有一天，我拿起示波器时才惊觉，自己竟有十几天未曾使用过它了。

细究其原因，万用表和示波器相较于诊断仪，在便捷性和高效性上确实略逊一筹。诊断仪只需插入车辆，便能迅速获取车辆的故障信息，判断车辆是否存在故障码，并能通过读取数据流，实时了解发动机运行时的瞬间数据。除此之外，车辆整体工作状态的大幅提升也是一个重要因素。随着新车数量的不断增加，车辆出现故障的概率逐渐降低，许多问题通过简单的养护即可解决。由于实际需要使用万用表和示波器的场景越来越少，维修人员对这些设备的掌握也愈发生疏。一旦遇到问题，大家更倾向于采用替换法更换配件，加之当下市场上的汽车配件供应充足，使得这种替换操作变得可行。

另外，手机短视频已深深融入我们的生活，汽车维修人员也常常会参考短视频中的内容来进行维修工作。长此以往，示波器和万用表便从起初的不愿使用，逐渐演变成了不会使用。虽然手机短视频是获取信息的便捷渠道，但它也存在信息碎片化的弊端。当遇到需要系统知识才能解决的疑难故障时，短视频提供的内容往往不够深入，不仅容易引发误解，甚至还可能衍生出新的问题。

从本质上讲，技术是一种技能，若长时间不使用，技能必然会逐渐衰退，这也正是当前维修行业在诊断设备使用方面所面临的现状。昨晚开车时，我从收音机中听闻，我国教育改革已开始着重培养小学生和中学生的实验能力，强调对科技原理的深入思考以及动手实践能力。这一举措也提醒了我，维修行业同样需要重视自身的动手和动脑能力。主动思考是成为维修高手的必备品质。短视频虽有其价值，能为我们提供更多解决问题的思路，但绝不能将其作为获取系统化知识的唯一途径。

在这里，我向大家推荐本书，通过阅读它，你能够系统、全面地了解与车辆OBD及排放相关的知识。这不仅有助于提高你的学习效率，还能增强你在当地维修行业中的竞争力。只要你认真研读书中内容，就一定能提升专业能力。

8.2　尾气分析学习中的问题

在培训过程中，我还发现了一个现象：总有部分学员在学习尾气分析后，反而觉得自己"不会"修车了，新技能尚未掌握，原有的维修方法却已生疏。所以，当你面对某辆车的排放气体成分数据，感到无从下手、无法分析时，先不要慌张。此时，不妨暂时抛开所学的尾气分析知识，按照以往的诊断方法进行故障排查和维修。毕竟在学习尾气分析之前，我们同样能够进行车辆维修工作，为何学了之后却产生了困扰呢？

实际上，尾气分析是一项实践性极强的技能，它既需要扎实的理论基础，又需要丰富的维修经验。在学习过程中，出现"迷茫"是正常的。只要你坚持在实际工作中多运用尾气分析技术，就一定能够逐渐掌握并利用它来分析故障。具体操作方法可以参考前文所述，先用以往的诊断方法找出故障原因并完成维修，之后再使用尾气分析仪对维修后的尾气排放数据进行验证。随着经验的不断积累，你将逐渐学会如何分析尾气数据，尾气分析仪将成为你手中的得力工具，不仅能够帮助你解决疑难故障，而且能够给你带来可观的收益。

　　最后，我衷心地祝愿大家早日熟练掌握尾气分析仪的使用技巧。